Ein Wort zuvor: Von Tag zu Tag

Menschen sterben, das wissen wir. Jeden Tag sterben Menschen. Aber wenn einer stirbt, der uns nahe war, dann ist alles anders. Dann ist der Tod kein Wissen mehr, sondern Erfahrung.

Der Tote hat keine Schmerzen mehr, keine Gefühle, keine Bedürfnisse. Aber jene, die zurückbleiben, die schmerzt dieser Tod, sie fühlen und sind des Trostes bedürftig. Sie trauern.

Wer trauert, bleibt intensiv mit jenem verbunden, der nicht mehr da ist. Manche trauern laut, andere leise. Es gibt kein richtiges und kein falsches Trauern.

»Das Leben geht weiter«, heißt es manchmal hilflos, wenn jemand etwas Aufbauendes sagen will. Das stimmt zwar, doch es scheint kein Trost zu sein: Wie soll das Leben weiter gehen können ohne den verlorenen Menschen?

Trauer braucht Zeit. Sie kann nicht beschleunigt werden. Sie ist ein Prozess und verändert die Trauernden. Es dauert lange, bis sie den Verlust in ihr Leben integrieren können. Am Ende mag das Glück überwiegen, diesen Menschen geliebt zu haben. Doch bis dahin muss ein Weg gegangen werden. Dieser Weg kennt dunkle Gassen und erholsame Strecken, er kennt Serpentinen und Sackgassen, aber keine Abkürzungen.

Die Trauer besteht aus Phasen, die zu bewältigen sind, damit am Ende mutige Schritte in die Zukunft möglich sind. Diese Phasen werden in der Regel nicht kontinuierlich durchschritten; mal verharrt man in der einen länger, bewältigt die andere schneller, fällt zurück, geht wieder voran, scheint still zu stehen.

Dieses Buch ist ein stiller Begleiter auf dem Weg durch die Trauer. Es bietet Texte, die trösten wollen, die aufrichten, an denen man sich reiben kann, die zum Nachdenken anregen, vielleicht sogar

zum weiter schreiben. Man wird die vielen Gedanken nicht am Stück lesen können, sondern nach und nach, manches überspringen, das Buch liegen lassen, erneut zur Hand nehmen und sich wieder damit auseinandersetzen. Die Texte sind ganz verschiedener Gattung, sie thematisieren die Verwirrung, das Aufbegehren, den Zweifel, das Hadern und die Versöhnung mit dem Unausweichlichen sowie die Frage nach Gott.
Trauer verzehrt Kraft, aber sie ist notwendig. So wünsche ich allen, die trauern, genügend Kraft, ihren Weg zu gehen. Möge dieses Buch sie dabei begleiten – von Tag zu Tag.

Georg Schwikart
Sankt Augustin, im Mai 2005

Betäubt

Das kann doch nicht wahr sein!

Das stimmt nicht!
Man hat sich vertan!
Es muss eine Verwechslung sein!
Ich war doch gestern noch bei dir.
Ich kann es einfach nicht glauben.

Du kannst nicht tot sein;
ich hörte eben noch deine Stimme,
sah dich über die Straße gehen.

Ich weigere mich, es zu glauben.
Ich werde nicht zur Beerdigung gehen.
Ich stürze mich in Beschäftigung,
tue so, als ob nichts wäre.

Das Wort nehme ich nicht in den Mund,
das schreckliche Wort mit den drei Buchstaben.

Vielleicht ist es nicht wahr

»Sie ist tot«, schreibe ich in eine E-Mail, die ich ohne Absender an meine Freunde schicke. Danach lösche ich die Mail und versuche, die Nachricht rückgängig zu machen.
Das Telefon klingelt nur zwei Minuten später. Die Nachricht ist angekommen, aber nicht bei mir. Ich gehe nicht ran, damit es so bleibt. Es kann gar nicht sein. Sie kann nicht einfach tot sein.
Mir wird kalt. Keine Tränen. Solange ich nicht weine, ist es vielleicht noch nicht wahr. Ich verlasse mein Büro. Der Tag ist erst ein paar Stunden alt. Alles kann sich noch ändern. Ich wähle ihre Nummer auf meinem Handy. Sie hebt nicht ab. Das heißt gar nichts.
Ich fahre zu ihrer Wohnung und gehe durch die offenen Türen hinein. Ich sehe sie schlafen. Ich glaube sie atmen zu sehen. Es kann ja auch nicht anders sein. Sie ist doch meine Familie.
»Ihr geht es jetzt besser«, sagt eine Stimme hinter mir. Mir wird heiß. Tränen. Sobald ich weine, ist es wahr. Sie ist tot.

Ariela Sager

Aufstehen, als ob nichts wäre.
Essen, als ob nichts wäre.
Arbeiten, als ob nichts wäre.
Weitermachen, als ob nichts wäre.
Leben? Da wäre nichts.

Georg Schwikart

Während ich schlief, wuchsen deiner Seele Flügel.
Du flogst mir voraus in die Unendlichkeit.
Zurück blieb dein Körper.
Fremd geworden dein Gesicht.
Leblos deine Hand.
Totenstille um mich.
Eiseskälte in mir.

Wann spüre ich den Schmerz?
Wann fließen die Tränen,
die mich erlösen aus dieser Starre?

Rosemarie Pfirschke

Da tat es mir wohl, vor dir zu weinen,
um sie und für sie, um mich und für mich.
Ich ließ den Tränen, die ich zurückgehalten, freien Lauf.
Mochten sie fließen, so viel sie wollten.
Ich bettete mein Herz hinein und fand Ruhe in ihnen.

Aurelius Augustinus

Als du so schrecklich gelitten hast, sehnte ich das Ende deiner Schmerzen herbei. Wie schämte ich mich, als es endlich kam. Ich wünschte dir Erlösung, die aber hieß: Tod. Grausame Paradoxie unseres Schicksals.

Georg Schwikart

Der lautlose Schrei

Dein Haus
vom Krebs
besetzt

Deine Knospen
kommender Jahre
zerstört

Dein Sterben
ein lautloser
Schrei

Dein Schrei
hämmert
in meinem Kopf

Barbara Held

Ich erschrecke vor mir selbst und doch ... es ist so wahr. Niemand wagt das Wort Tod in den Mund zu nehmen. Es ist wie im Film. Ich werde in einen Raum gerufen, der Arzt beginnt: »Wir haben alles erdenkliche für ihren Mann getan ...« Er hört gar nicht mehr auf zu reden, nur das Wort Tod fällt nicht. Ich höre nichts von dem, was er sagt, ich spüre nichts mehr. Um mich herum lagert sich schon Watte, um mich vor dem Fall zu schützen. Endlich schaffe ich es, ihn zu unterbrechen und zu sagen: »Ich will zu ihm!«.
Es geht noch nicht, deshalb auch seine lange Rede? Oder ist es Unsicherheit? Er fragt mich, ob ich jemanden benachrichtigen will. Ich rufe meine Eltern an, rufe deine Mutter an. Alles tue ich vollautomatisch, als hätte jemand bei mir die entsprechenden Knöpfe gedrückt. Der einzige Gedanke, den ich denken kann ist der, dass ich Thomas sehen will. Will bei dir sein.
Keine hysterischen Anfälle, kein Schrei- oder Heulkrampf. In mir ist es kalt, wie versteinert starre ich vor mich hin.
Warum weine ich nicht?

Lucia Reichenberg

Baum im Winter

Gehalten
in gefrorener Erde
steinigem Grab
dunkel
wächst er
dem Himmel entgegen.

Silberner Vogel
im kahlen Geäst
sing,
sing deinen Ton!
Sein zitternder Hauch
wird über Nacht und Frost sich legen.

Christel Kehl-Kochanek

Eiszeit

Abschied
ohne Wiedersehen,
fremd die Welt,
das Leben stumm.
Verdorrt die Blumen,
kalt die Sonne,
Todesstarre um und um.

Zurück
bleibt dunkel Tag für Tag
nur Frost und Eis
des Winters Nacht.
Allein der Tod wird
jetzt noch sprechen.
Singt mir das Lied von seiner Macht.

Judith Schwikart

Bei einem scheidenden Licht
Sehen wir schärfer, klar,
Als bei dem Docht, der steht.
Etwas erhellt die Sicht
Das Strahlen wird wahr
Wenn es geht

Emily Dickinson

Vorüber – vergessen

»Du musst doch jetzt richtig erleichtert sein!«, sagten die Leute. »Zuletzt war es doch richtig schlimm, nicht wahr?« Sie meinten es gut. Vermutlich hatten sie auch Recht. Die Pflege eines blinden einarmigen Menschen ist nicht leicht. In den letzten Monaten setzten ja auch noch andere Funktionen ihre Fähigkeiten, wie man so sagt, auf Null. Nein, es war nicht leicht gewesen. Die Nächte gestört durch ein Babyfon, wenn der Kranke aufstand und versuchte, sein Radio einzuschalten, wenn er zur Zigarette griff, um seine Unruhe zu betäuben. Es war nicht leicht!

Und doch: Erleichtert war ich nicht! Denn – und dies ist eine Erfahrung, die ich gewiss mit vielen, vielen langjährig pflegenden Menschen teile: Der Tod löscht alle Last! Wenn der geliebte Mensch fort gegangen ist, – dorthin, wohin wir ihm, wenn unser Glauben die Wahrheit sagt, nachfolgen werden – dann ist schlagartig alles vergessen. Alle Belastung, aller Stress, alle Verzweiflung.

Zurück bleiben die schönen Erinnerungen, die Sonnenstunden, die Liebe … und ein tiefes Loch!

Dorothee Steuer

Der Mensch ist vergänglich wie das Gras,
es ergeht ihm wie der Blume im Steppenland:
Ein heißer Wind kommt – schon ist sie fort,
und wo sie stand, bleibt keine Spur von ihr.

Aus Psalm 103

Es gibt Situationen, da wissen wir nichts Rechtes zu sagen. Es gibt Augenblicke, da machen Worte alles nur noch schlimmer. Wenn wir meinen, es nicht mehr ertragen zu können, dann hilft kein billiger Trost nach dem Motto: »Kopf hoch, wird schon wieder!«
Dann kann es aber helfen, sich zusammenzutun, denn manches kann man nicht ändern, manches lässt sich nur aushalten, und das geht gemeinsam besser.

Georg Schwikart

Jenseits des Verstandes wohnt die Trauer.

Micha Bund

Betäubt

»Sitzt du gut?«, fragt mein Mann. Er steht vor mir im Wohnzimmer, etwas blasser als normal und mit sehr ernstem, eher traurigem Gesichtsausdruck. Er kommt gerade von der Chorprobe, seinen Mantel hat er noch an.

»Was ist passiert?«, frage ich und bemerke, wie die Angst in mir hoch kriecht.

»Hans ist tot.«

»Nein – das glaube ich nicht!«

»Doch, er ist in der Rehaklinik an Herzversagen gestorben. Umgekippt beim Schuhe zuschnüren – und aus!«

»Das kann doch nicht wahr sein!«, rufe ich.

Mein Mann hat sich ebenfalls hingesetzt.

Aus – vorbei – Ende – unwiderruflich. Ein Freund ist nicht mehr da. Von einer Minute auf die andere. So schnell kann es gehen. Unfassbar!

Vor drei Wochen haben wir noch gemeinsam Karneval gefeiert. »Und nach der Kur feiern wir meinen 74. Geburtstag und im Juli unsere goldene Hochzeit, dass mir keiner von euch dann in den Urlaub fährt.« Das waren die Pläne von Hans. Wir Dreizehn, seit über 30 Jahren befreundet, hatten noch so viel vor!

Und nun, wie geht es weiter?

Almut Fricke

Alles fließt. Tränen wollen fließen. Zurückgehalten fließen sie nach innen. Man kann daran ertrinken. Was fließt, lebt.

Georg Schwikart

Mir entgleitest du
In die Tiefe
Gesammelt dein Antlitz
Wie bei der Liebe
Deine verschlossenen Lider
Sperren mich aus
Geheim ist die Sprache
Deiner stummen Lippen.
Bleibe doch
Eine Weile, bis ich auch sterbe.

Claudine Landgraf

Meist belehrt erst der Verlust über den Wert.

Arthur Schopenhauer

Am Morgen des dritten Tages schließlich, als die Sonne nach einem leichten Schneefall in der Februarnacht ins Zimmer fiel, schien er von seinem irdischen Körper gelöst zu sein. Er hatte seit achtundvierzig Stunden aufrecht dagesessen, ohne Schlaf, ohne Speise, ohne Trank.

Er rief nach der Schwester: »Geh und rufe ihn an, ja; seinen Namen will ich nicht nennen, und frag ihn ...«

»Das habe ich schon getan«, antwortete die Schwester vom Roten Kreuz.

»Was hat er gesagt?«

»Er lässt grüßen und sagen: ›Wer leidet, hat keine Feinde.‹«

»Das ist schön gesagt und doch nicht ganz wahr; denn als meine Frau mit dem Kinde wegging, kamen die Freunde zu mir wie zu Hiob, aber nicht, um zu trösten, sondern um nachzuforschen, ob ich auch richtig gründlich leide, und als ich meinen Schmerz verbarg, zogen sie enttäuscht von dannen, wie wenn sie sich verrechnet hätten. Der Aufrichtigste stellte denn auch jene sublime, unsterbliche Frage: ›Du kannst wohl gar nicht leiden?‹ – worauf ich zur Antwort gab: ›Würdest du das denn wünschen?‹ Ich war vielleicht im Unrecht; vielleicht sind wir zum Leiden bestimmt, da es die Leute doch von uns fordern; vielleicht verlangt ein Gerechtigkeitsgefühl in unserem Innern, dass auch andere es schlecht haben sollen; ich habe mich immer gefreut, wenn es einem Lümmel übel erging, denn es tröstete mich zu sehen, dass es noch Gerechtigkeit gibt in dieser Welt; und wenn ein Unglück mich getroffen hat, so stellte ich mir die Frage: ›Was habe ich denn getan?‹ – Aber nun bin ich müde, es ist Sommer draußen, ach, wie grün und schön; nun will ich schlafen.«

Damit lösten sich auch die verkrampften Züge in seinem Gesicht, und er legte sich im Bett hin, aber als er einen Blick in den Spiegel warf, sah er das neu erbaute Haus, geschmückt mit Kränzen und Flaggen.

Und die Maurer brachten auf den Baumeister ein dreifaches Hurra aus.
Der Sterbende lächelte; er wusste nicht, worum es ging; alles war grün – Blumen und Flaggen, und er bezog die Hurra-Rufe auf sich selbst.
»Gute Nacht, Schwester, nun will ich schlafen!«, waren seine letzten Worte.
Er streckte sich aus, tat ein paar tiefe Atemzüge und schlummerte ein; so schien es; aber er starb.
Und so lag er da, lächelnd, als ob er nur schöne Dinge um sich sehe, grüne Wiesen, Kinder und Blumen, blaues Wasser und Flaggen im Sonnenschein.

August Strindberg

Da hat einer seine letzte Reise angetreten, sagen wir manchmal, wenn jemand gestorben ist. Ein schönes Bild, denn gerade die verschiedenen Stadien einer Reise können uns bewusst machen, dass unser ganzes Leben mit all seiner Mühe und Arbeit ein einziges Unterwegssein ist. Nur ab und zu ist uns kurze Rast gegönnt, dann ziehen wir weiter. Aber am Ende lockt ein Ziel, herrlicher als alle Katalogparadiese.

Für diese Reise dann, bei der wir die letzte Grenze überschreiten werden, brauchen wir keinen Pass verlängern zu lassen, nicht einmal einen Koffer zu packen. Auch ein Ticket zu lösen ist nicht nötig. Es kann natürlich sein, dass wir die Reise spontan antreten müssen, wie ein Last-Minute-Angebot. Sorgen wir uns dann nicht um die Dinge, die wir eigentlich noch erledigen wollten.

Schließlich werden wir erwartet.

Georg Schwikart

Aus der Tiefe meiner Not
schreie ich zu dir.
Herr, höre mich doch!
Sei nicht taub für meinen Hilferuf!
Wenn du Vergehen anrechnen wolltest,
Herr, wer könnte vor dir bestehen?
Aber bei dir finden wir Vergebung,
damit wir dich ehren und dir gehorchen.
Ich setze meine ganze Hoffnung auf den Herrn,
ich warte auf sein helfendes Wort.
Ich sehne mich nach dem Herrn
mehr als ein Wächter nach dem Morgengrauen,
mehr als ein Wächter sich nach dem Morgen sehnt.

Aus Psalm 130

tot sein, ehrlich, ich wünsch es mir;
vor mir weinte sie, während sie Abschied nahm,
viele Tränen und sagte:
ach, wie Schlimmes erfahren wir,
Sappho, ja, wider Willen verlass ich dich.

Aber ich gab zur Antwort ihr:
Lebe wohl und geh fort, an mich
denkend, weißt doch, wie sehr wir dir zugetan.

Sappho

Du, an den ich denke,
wenn ich nachts wach liege;
Du, den ich nicht begreife;
Du, der mich fasziniert;
Du, mit dem seltsamen Namen »Ich bin da«;
Du, der du mich betört hast;
Du, den ich mit dem abgegriffenen Wort »Gott« umschreibe;
Du, den ich Du nennen darf.
Zu dir bete ich wortlos.

Georg Schwikart

Ich hab' es allen Büschen gesagt,
Und hab' es allen Bäumen geklagt
Und jeder grünenden Pflanze,
Und jeder Blum' im Glanze.
Und wieder von neuem klag' ich es,
Und immer von neuem sag' ich es,
Und immer haben indessen
Sie wieder mein Leid vergessen.
Vergessen bist du in diesem Raum
Von Blum' und Pflanze, Busch und Baum,
Nur nicht von diesem Herzen,
Kind meiner Wonnen und Schmerzen.

Friedrich Rückert

Wir sind nur Gast auf Erden und wandern ohne Ruh
mit mancherlei Beschwerden der ewigen Heimat zu.

Die Wege sind verlassen, und oft sind wir allein.
In diesen grauen Gassen will niemand bei uns sein.

Nur Einer gibt Geleite, das ist der Herre Christ;
Er wandert treu zur Seite, wenn alles uns vergisst.

Gar manche Wege führen aus dieser Welt hinaus.
O, dass wir nicht verlieren, den Weg zum Vaterhaus.

Und sind wir einmal müde, dann stell ein Licht uns aus,
o Gott, in deiner Güte; dann finden wir nach Haus.

Georg Thurmair

Wenn man Krisen vorzeitig abbricht oder ihnen zu entrinnen sucht, sterben Lebenskräfte ab. Durch Krisen hindurchgehen und verstehen, was dahinter liegt – dieser Weg führt uns weiter.

Roger Schutz

Was kommt nach dem Tod?

Lehrer: Gibst du zu, dass die Seelen nach dem Tod entweder weiterbestehen oder beim Tod untergehen?
Schüler: Natürlich gebe ich das zu.
Lehrer: Und wie ist es, wenn sie weiterleben?
Schüler: Ich gebe zu, dass sie dann glücklich sind.
Lehrer: Wenn sie aber untergehen?
Schüler: Dann können sie nicht glücklich sein, weil sie ja überhaupt nicht mehr da sind.
Lehrer: Aber wie kannst du dann denken, der Tod sei ein Übel? Wenn die Seelen weiterleben, macht uns der Tod glücklich. Wenn wir nachher kein Gefühl mehr haben, kann uns der Tod nicht wehtun.

Aus den Tuskulanischen Gesprächen des Cicero

Was, an der aschenen Grenze, wird meine Augen öffnen?

Octavio Paz

Der Mond ist unter.
Geblieben:
Die vier Ecken des Tisches.

Basho

Nie mehr

Den Leichnam sah ich, den Sarg, das Grab. Man schüttelte mir mitleidig die Hand.
Doch immer noch warte ich, dass du zur Tür hereinkommst und lächelst: Da bin ich!

Georg Schwikart

Herr, gib Frieden dieser Seele,
nimm sie auf zum ewgen Licht;
gib Erbarmen ihr und zähle,
Vater, ihre Mängel nicht.

Heinrich Bone

Aushalten

Sieh dem Tod ins Auge

Ja, du bist tot.
Warum du?
Warum jetzt?

Möchte ich dich noch einmal sehen?
Der Leichnam – bist du das?
Oder soll ich dich in Erinnerung behalten,
wie ich dich kenne?

Ich muss immer wieder erzählen,
wie das war, als du gestorben bist.

Ich bin wütend auf dich:
Warum hast du mich verlassen?
Ich schäme mich für meine Wut.
Kannst du nicht zurückkommen?

Ich beerdige dich.
Es ist wie ein Kinofilm, den ich anschaue.
Stehe ich da an deinem Grab?
Ich halte es nicht aus.
Werde ich es schaffen ohne dich?

Am liebsten möchte ich mich betäuben,
mit Medikamenten, mit Alkohol, mit Essen.
Ich weiß, das hilft nicht.

Trotz der schweren Krebserkrankung und der inzwischen dritten großen OP kam der Tod meines Vaters an diesem Mittwoch im März für uns, die Familie, überraschend. Und so ging nach dem Anruf aus dem Krankenhaus, nach kurzen Sekunden des Schrecks, in einem eigenartigen, dumpfen Trott erst einmal jede begonnene Handlung zu Ende.

Es hat einige Zeit gebraucht, diesen Tod jetzt und hier und nicht nur als näher gerückte Realität anzuerkennen, den nun erst einmal endgültigen Abschied innerlich vorzubereiten, eine Person aus der Familie allein gehen zu lassen.

Bei diesem Abschiednehmen haben uns die Besuche an seinem Bett und später am offenen Sarg unbedingt geholfen, das Unausweichliche anzunehmen. Die Idee dieser Person, Herz und Verstand wohnten längst nicht mehr in diesem Körper, in dem schon nach wenigen Stunden die Naturgesetze die Regentschaft übernahmen.

Getragen hat uns auch die innige und uns schon in der Zeit der Krankheit entgegengebrachte Anteilnahme und Stärkung. Für uns war es eine große Hilfe, nachdrücklich und sehr liebevoll immer wieder daran erinnert zu werden, trotz des Verlustes nach wie vor nicht allein zu stehen und auch deshalb bei einer Perspektive zu bleiben, die sich nach vorne, der Zukunft zuwendet.

Der Tod ist viel, aber das Leben alles; und es schließt immerhin die Erinnerung und das Vermächtnis mit ein. Noch mehr als schon in den Jahren zuvor tritt in das Bewusstsein, welche Eigenschaften und Marotten, welche Gewohnheiten meines Vaters in einem selbst längst fortleben. Mit dem Blick in die Zukunft gestehen wir auch zu, dass der Tod, so wie er jetzt eingetreten ist, sehr genau die Erwartung traf, die mein Vater für sich formuliert hatte. Ihm war die Zeit gegeben, sich im Zug der Krankheit über mehrere Jahre mit der Tatsache ernsthaft vertraut zu machen, dass ein Ende zeitlich sehr nahe gerückt war, trotz aller Hoffnung, die wir auch zu leben versuchten. Und er nutzte diese Chance und hat nie soviel gelernt, soviel Leichtigkeit gewagt und sich weiter auf seinen Glauben und die Liebe zu den Menschen eingelassen wie in dieser Zeit. Erst jetzt prägte er auch seinen Leitspruch, »nur noch schöne Sachen« machen zu wollen.

Dann kam aber der Tod ganz plötzlich, im Schatten einer akuten medizinischen Komplikation, und hat ihm erspart, wovor ihm graute, nämlich langsam und elend sterben zu müssen. Eben so nicht alt werden zu wollen, hat er jederzeit herausgestellt.

Insofern war der Tod sehr gnädig, hat er doch gewährt, was gebraucht wurde, eine lange stille Zeit der Vorbereitung und dann, was gewünscht wurde, ein schnelles, friedliches Ende.

Auf dem Gesicht des gerade Gestorbenen lag ein fast verschmitzter, entspannter, uns unvergesslicher Schimmer. Mehr kann niemand erwarten.

Micha Bund

Aller Tod in der Natur ist Geburt, und gerade im Sterben erscheint sichtbar die Erhöhung des Lebens. Es ist kein tötendes Prinzip in der Natur, denn die Natur ist durchaus lauter Leben; nicht der Tod tötet, sondern das lebendigere Leben, welches, hinter dem alten verborgen, beginnt und sich entwickelt. Tod und Geburt ist bloß das Ringen des Lebens mit sich selbst, um sich stets verklärter und ihm selbst ähnlicher darzustellen.

Johann Gottlieb Fichte

Zum Paradies mögen Engel dich geleiten,
die heiligen Märtyrer dich begrüßen und
dich führen in die heilige Stadt Jerusalem.
Die Chöre der Engel mögen dich empfangen,
und durch Christus, der für dich gestorben,
soll ewiges Leben dich erfreuen.

Altes Gebet für einen Verstorbenen

Es ist so schwer und tut so weh
Abschied zu nehmen
von jemandem, den wir lieb haben

Verständnislosigkeit, Trauer
Wut, Entsetzen

Ein Unfall, ganz plötzlich
oder das Ende eines langen Leidensweges:
ein Verwandter, ein guter Freund, ein netter Kollege

Es tut so weh

Das Leben geht weiter:
Warum sind die Menschen um mich herum glücklich?
Warum können sie lachen, sich freuen und fröhlich sein?
Müsste nicht eigentlich die Zeit stehen bleiben?

Doch du bist nicht allein, Freunde und Familie geben Halt
gemeinsam weinen, gemeinsam trauern

Und irgendwann
neuen Mut fassen und schließlich merken
das Leben geht weiter

Miriam Müller

Gott, als ich die Hände meiner toten Mutter streichelte, da wurde der stechende Schmerz des Abschieds von der Gewissheit durchkreuzt, nur einen Leichnam zu liebkosen. Von der Frau, die mich gebar, die mich den Weg in dieses Leben geleitete, lag nurmehr ein lebloser Körper vor mir. Was sie zu meiner Mutter machte, das, was wir hilflos Seele nennen, das war schon nicht mehr da, sondern unterwegs zurück zum Ursprung.
Wenn du mich den Tod nicht spüren ließest, würde ich wohl der Auferstehung nicht glauben wollen.

Georg Schwikart

Hilfe!
Wohin soll ich das schreien?
Der Mensch, der mich einst hörte
Ist nicht mehr da.

Da ist nur schwarze Leere, tiefer Abgrund
Ich falle und falle und
Werde in meinen Tränen ertrinken.

Judith Schwikart

Ach, es ist so dunkel in des Todes Kammer,
Tönt so traurig, wenn er sich bewegt
Und nun aufhebt seinen schweren Hammer
Und die Stunde schlägt.

Matthias Claudius

Ja, ich weiß ...

Hinter zugesperrten Türen
Röchelt das Haus noch.
Ich aber soll gefasst sein.
Wie die Taufe die Wehen
Verneint,
Soll das Grab deinen Kampf,
Meine Schmerzen, deine Schreie
Ersticken.

Ja, ich weiß, die Haltung bewahren,
Den Stein bestellen,
Die Briefe schreiben ...

Es soll aber Niemand wagen
Mich trösten zu wollen.

Claudine Landgraf

Wenn, was uns den Tod so schrecklich erscheinen lässt, der Gedanke des Nichtseins wäre, so müssten wir mit gleichem Schauder der Zeit gedenken, da wir noch nicht waren. Denn es ist unumstößlich gewiss, dass das Nichtsein nach dem Tode nicht verschieden sein kann von dem vor der Geburt, folglich auch nicht beklagenswerter. Eine ganze Unendlichkeit ist abgelaufen, als wir noch nicht waren; aber das betrübt uns keineswegs. Hingegen, dass nach dem momentanen Intermezzo eines ephemeren [flüchtigen, kurzlebigen] Daseins eine zweite Unendlichkeit folgen sollte, in der wir nicht mehr sein werden, finden wir hart, ja unerträglich. Sollte nun dieser Durst nach Dasein etwa dadurch entstanden sein, dass wir es jetzt gekostet und sogar allerliebst gefunden hätten?

Arthur Schopenhauer

In Christus erstrahlt uns die Hoffnung, dass wir zur Seligkeit auferstehen.
Bedrückt uns auch das Los des sicheren Todes, so tröstet uns doch die Verheißung der künftigen Unsterblichkeit.
Denn deinen Gläubigen, o Herr, wird das Leben gewandelt, nicht genommen. Und wenn die Herberge der irdischen Pilgerschaft zerfällt, ist uns im Himmel eine ewige Wohnung bereitet.

Aus der katholischen Liturgie für die Verstorbenen

Er war mein Schwager.
Er war mein Freund.
Jetzt weiß ich,
dass er auch mein Todesgefährte ist.
Denn mit ihm starb auch ich ein wenig.
Und wenn die Zeit kommt,
dass ich ganz sterbe,
werde ich, wie immer,
ihn um Hilfe bitten.
Und ich bin mir sicher,
dass er sie mir gibt.

Giorgos Krommidas

Darum soll die Rede sich jeglicher Erklärung enthalten; so wie der Tod das Allerletzte ist, so soll dies das Letzte sein, das über ihn gesagt wird: Er ist unerklärlich. Die Unerklärlichkeit ist die Grenze, und die Bedeutung der Aussage ist allein, dem Gedanken des Todes rückwirkende Kraft zu geben, ihn zu einem Ansporn im Leben zu machen, weil mit der Entscheidung des Todes es vorüber ist, und weil die Ungewissheit des Todes jeden Augenblick nachsieht. Die Unerklärlichkeit ist daher keine Aufforderung Rätsel zu raten, keine Einladung dazu geistreich zu sein, sondern des Todes ernste Mahnung an den Lebenden: ›ich habe keine Erklärung nötig, du bedenke, dass mit dieser Entscheidung es vorüber ist und dass sie jeglichen Augenblick zur Stelle sein kann; siehe, dies ist für dich wohl des Bedenkens wert.‹

Sören Kierkegaard

Unser Freund Richard war nicht mehr in der Kirche, dennoch war er einer, der wusste, dass auch sein Leben noch eine andere Dimension hat.

Sein privates Leben als Ehemann und Vater war nicht immer einfach: seine Ehe gescheitert, die Familie zerbrochen, seine Träume ausgeträumt ...

Und doch ging es weiter. Ihr, liebe Magdalene, habt euch gefunden und seid miteinander über zwölf Jahre euren Weg gegangen.

Die Familie wurde größer, das Leben bunter und auch reicher, und wir wussten nie, wenn er von »seinen Kindern« sprach, zu welcher Kategorie sie gehörten – meinte er seine oder deine Kinder? Es waren eure!

Beruflich war es auch nicht der gerade und immer nur von Erfolg gekrönte Weg. Er hatte schwierige Strecken zu bewältigen, aber er hat sie bewältigt und er hat seine Hoffnungen und auch seine Grundfröhlichkeit dabei nie verloren.

Das alles sind zunächst ja sehr allgemeine, menschliche Dinge und Qualitäten. Aber das ist meine feste Überzeugung, dass da eben doch etwas war von der Bindung an Gott, an einen, der zu ihm gehört und zu dem er gehörte.

Vielleicht kein Kirchengott, vielleicht keiner, der den Vorstellungen entspricht. Aber einer, auf den ich kleiner Mensch mich verlassen kann, einer, der versteht und weiß, was das alles soll: dieses Leben und diese nicht erfüllten Träume und all das, was uns hier so oft beschwert.

Richard wusste, dass Glück und Freude nichts Selbstverständliches sind, dass es Geschenke sind, und er ahnte, wer diese Geschenke verteilte, wem er sich selbst und all das, was ihn fröhlich und zugewandt sein ließ, verdankte.

Und ihr, die ihr mit Richard gelebt habt, ihr habt auch gespürt, dass er einer war, von dem Gutes, von dem Segen ausging.
Und so habt ihr ihn »Menschenfreund« genannt, »menschenfreundlich« sein Wesen und sein Tun.
Was kann man schöneres, besseres über einen Menschen sagen?

Matthias Fritzsche

Ich kann nicht weinen
Zu viele Wunden brennen
Keine Trauer über diesen Tod
Doch Trauer um verpasstes Leben

Georg Schwikart

Mitten wir im Leben sind
Mit dem Tod umfangen.
Wen suchen wir, der Hilfe tu,
Dass wir Gnad erlangen?
Dass bist du, Herr, alleine.
Uns reuet unsre Missetat,
Die dich, Herr, erzürnet hat.
Heiliger Herre Gott,
Heiliger starker Gott,
Heiliger barmherziger Heiland, du ewiger Gott,
Lass uns nicht versinken in des bittern Todes Not.
Kyrieleison.

Mitten in dem Tod anficht
Uns der Höllen Rachen.
Wer will uns aus solcher Not
Frei und ledig machen?
Das tust du, Herr, alleine.
Es jammert dein Barmherzigkeit
Unsre Sünd und großes Leid.
Heiliger Herre Gott,
Heiliger starker Gott,
Heiliger barmherziger Heiland, du ewiger Gott,
Lass uns nicht verzagen vor der tiefen Höllen Glut.
Kyrieleison.

Mitten in der Höllen Angst
Unsre Sünd uns treiben.
Wo solln wir denn fliehen hin,
Da wir mögen bleiben?
Zu dir, Herr, alleine.
Vergossen ist dein teures Blut,
Das gnug für die Sünde tut.
Heiliger Herre Gott,
Heiliger starker Gott,
Heiliger barmherziger Heiland, du ewiger Gott,
Laß uns nicht entfallen von des rechten Glaubens Trost.
Kyrieleison.

Martin Luther

Da hast du Glück
gehabt, mein Gott

das Verfahren gegen dich
muss ausfallen

Richter sind anwesend
Kläger zur Genüge

doch wer sollte dich
verteidigen?

Georg Schwikart

Das »ewige Licht« leuchte allen, die durch den Glauben schon am Ziel ihrer irdischen Pilgerschaft sind. Auf dass sie in diesem Licht Gott sehen, »wie er ist«. Auf dass ihnen das Antlitz dessen zugänglich werde, der »in unzugänglichem Licht wohnt« (1 Tim 6,16). Auf dass sie das Licht der Herrlichkeit Gottes umfange und durchdringe. Amen.

Johannes Paul II.

Umkehr

wenn der Schmerz groß ist
und du ihn annimmst
wie einen Bruder
wie einen Freund
werden die Dinge
hinter den Dingen
transparent.

in Angst, in Not
überlässt du die Führung
einem Anderen
und du erfährst
mit Staunen
wie deine Seele erstarkt

das ist Gnade.

Inge Ziegenhorn

Die Grablegung

Eine sterbliche Hülle,
so heißt es,
aber was war drin?
Die Psyche,
sagen die Psychologen,
sagen die Seele,
die Seelsorger,
die Persönlichkeit,
sagen die Personalchefs.

Dazu noch die Anima,
die Imago, der Dämon,
die Identität, das Ich,
das Es und das Überich.
Der Schmetterling,
der sich aus diesem Gedrängel
erheben soll,
gehört einer Art an,
von der wir nichts wissen.

Hans Magnus Enzensberger

Ich weiß, dass Gott, mein Erlöser lebt! Er spricht das letzte Wort hier auf der Erde. Jetzt, wo die Haut in Fetzen an mir hängt und ich kein Fleisch mehr auf den Knochen habe, jetzt möchte ich ihn sehen mit meinen Augen, ihn selber will ich sehen, keinen Fremden! Mein Herz vergeht in mir vor lauter Sehnsucht!

Aus dem Buch Hiob

Mehr als ein Abschied

Ein Jude sei er gewesen, sagte mir der Bestatter. Aber was bedeutete das für Anatoly G.? Sein Vater – ein getaufter Atheist; die Mutter eine geborene Jüdin; durch sie ging die Volkszugehörigkeit auf ihn über. Doch keiner erzog ihn religiös in seiner russischen Heimat. Eine Synagoge betreten, ein Gebet auf hebräisch gesprochen oder ein jüdisches Fest gefeiert hatte er nie.

Später heiratete Anatoly eine Frau ohne Konfession. Das Paar bekam ein Kind; der Junge sollte in seiner Jugend von Staats wegen noch an den Sieg des Sozialismus glauben.

Dann brach die Sowjetunion zusammen. Der Sohn ging mit seiner Familie nach Deutschland, sein Glück versuchen. Der verwitwete Alte blieb zunächst zurück.

Nach ein paar Jahren holte man Anatoly nach in den Westen. Zwei Monate lebte er hier, ohne ein Wort Deutsch zu können, dann machte ihn ein Schlaganfall bettlägerig. Vier Wochen später starb er.

Der Sohn, die Schwiegertochter und der Enkel leben bescheiden. Der Alte aber soll würdig beerdigt werden. »Ein guter Vater«, sagt mir der Sohn des Verstorbenen beim Hausbesuch. »Warum sagst du das? Er hat sich nie um dich gekümmert!«, wendet der jugendliche Enkel ein.

Zwei Tage darauf auf dem Friedhof: Sohn, Schwiegertochter, Enkel sind da, der Bestatter, ein Friedhofswärter und ich. »Dürfen wir fotografieren?«, werde ich gefragt. Bitte doch, wenn's hilft. Ich muss sagen, was zu tun ist: Nun setzen Sie sich in die erste Reihe. Nun erheben wir uns. Nun gehen wir zum Grab. Die Angehörigen tuscheln fast unentwegt, während ich sie anspreche, vielleicht verstehen sie meine Sprache kaum. Die Frau raschelt mit den Blumen in der Plastikfolie und schießt Fotos.

Sohn und Enkel, Bestatter und Friedhofswärter setzen den Sarg bei. Die Frau knipst.

Ich bemühe mich, die Feier mit Würde abzuschließen, spreche für den toten Juden das Kaddisch. Einzig der Enkel weint.
Auch ich bin traurig. Nicht über den Tod des alten Anatoly G., sondern über den totalen Traditionsabbruch, der die Hinterbliebenen so hilflos macht: Der Tod zeigt ihnen ihre Einsamkeit; niemand steht ihnen bei, keine Familie, kein Freund, kein Kollege oder Nachbar.
Was man tut oder lässt in einer solchen Situation ist ihnen unbekannt, das macht sie unsicher. Um geistigen Trost fruchtbar machen zu können, mangelt es ihnen an Glaubensgrundlagen.
Im Stillen bete ich für den Verstorbenen und diese Familie hier am offenen Grab. Ich will mich verabschieden, da sieht mich die Frau mit dunklen Augen an: »Was mache ich jetzt mit den Blumen?«

Georg Schwikart

Der reuige Sünder

Und es lebte ein Mann siebzig Jahre lang, und voller Sünde war sein ganzes Leben. Und es begab sich, dass schwere Krankheit diesen Mann befiel, doch bereute er seine Missetaten nicht. Als aber seine letzte Stunde gekommen war und er erkannte, dass er nun sterben müsse, da weinte er laut auf und sprach: »Herr! Vergib mir meine Schuld, wie du dem Schächer am Kreuz vergeben hast!«

Kaum hatte der Mann diese Worte gesprochen, da verließ die Seele seinen Leib und trat vor die Pforte des Himmelreichs, sie war aber erfüllt von Liebe zu Gott dem Herrn und vertraute fest auf seine Barmherzigkeit.

Und so klopfte denn der Sünder an das Tor des Himmels und begehrte Einlass in das Reich Gottes. Und er hörte eine Stimme hinter dem Tor: »Wer klopft da draußen? Was ist das für ein Mensch, und welche Taten verübte er in seinem Leben?«

Und es antwortete die Stimme des Anklägers und zählte alle Missetaten des Sünders auf, und es gab auch nicht eine einzige gute Tat, die er hätte nennen können.

Und so sprach denn die Stimme hinter dem Tor: »Es können keine Sünder in das Himmelreich eingehen. Hebe dich hinweg von hier!«

Der Mensch aber spracht: »Herr, deine Stimme höre ich wohl, doch sehe ich dich nicht von Angesicht und kenne deinen Namen nicht.«

Da antwortete die Stimme: »Ich bin der Apostel Petrus.«

Der Sünder aber sagte: »Erbarme dich meiner, Apostel Petrus! Bedenke, wie schwach wir Menschen sind, und vergiss nicht die Barmherzigkeit Gottes! Du bist doch selbst ein Jünger Christi gewesen, aus seinem Munde hast du Gottes Gebot vernommen und hast das Beispiel seines Lebens gesehen. Und doch schliefest du, als er sich ängstigte und seine Seele betrübt war. Dreimal bat er dich, mit ihm zu wachen und zu beten, dreimal traf er dich schlafend an, und deine Augen waren voller Schlaf. Also tat auch ich! Und waren es nicht deine Worte: Selbst wenn ich mit dir sterben müsste, werde ich dich nicht verleugnen? Und du hattest ihn schon dreimal verleugnet, da man ihn zu Kaiphas führte. Das Gleiche tat auch ich! Als aber der Hahn krähte, gingst du hinaus und weintest bitterlich. Also tat auch ich. Kannst du mich zurückweisen?«

Da verstummte die Stimme hinter der Pforte des Himmelreiches. Und nachdem der Sünder eine Weile gewartet hatte, klopfte er von neuem an. Und es ertönte eine andere Stimme hinter der Tür und sprach: »Wer ist dieser Mensch? Wie lebte er auf Erden?«

Und es antwortete die Stimme des Anklägers und wiederholte alle Missetaten des Sünders und konnte nicht eine einzige gute Tat nennen. So sprach denn die Stimme hinter der Tür: »Gehe hinweg von hier, solche Sünder wie du können nicht mit uns im Paradies sein!«

Der Sünder aber sprach: »Herr! Deine Stimme höre ich wohl, doch sehe ich dich nicht von Angesicht und kenne deinen Namen nicht.«

Und es antwortete die Stimme: »Ich bin König David, der Prophet.«

Der Sünder aber verzagte nicht, er ging auch nicht hinweg von der Himmelstür, sondern sagte: »Erbarme dich meiner, o König David! Bedenke die Schwachheit der Menschen und vergiss nicht, wie barmherzig Gott der Herr ist! Du wurdest von Gott geliebt. Vor allen Menschen hat er dich ausgezeichnet. Alles gehörte dir, die Herrschaft, der Ruhm, der Reichtum; du hattest Frauen und Kinder. Da erblicktest du vom Dache deines Hauses herab ein Weib, und die Sünde ging ein in deine Seele. Du nahmst das Weib Urias und ließest ihn selbst umkommen durch das Schwert der Kinder Ammons. Bist du nicht der reiche Mann gewesen, der dem Armen sein einziges Lämmlein nahm und ihn selbst dem Tode überantwortete? Also tat auch ich! Denke auch daran, wie du deine Sünde bereutest, an deine Brust schlugst und sprachst: Ich habe gesündigt gegen den Herrn und bereue meine Missetat. Also tat auch ich. Du kannst mich nicht zurückweisen!«

Und es verstummte die Stimme hinter dem Tor. Nach einer Weile klopfte der Sünder von neuem an und begehrte Einlass in das Himmelreich. Und es ertönte eine dritte Stimme hinter der Tür und fragte: »Was ist das für ein Mann? Wie verbrachte er sein Leben?«
Und es antwortete die Stimme des Anklägers und wiederholte alle Missetaten des Sünders, und es gab da auch nicht eine einzige gute Tat, die er hätte nennen können.
Und so sprach denn die Stimme hinter der Tür: »Gehe hinweg von hier! Ein Sünder kann nicht in das Himmelreich eingehen!«
Der Sünder aber sprach: »Deine Stimme höre ich wohl, doch sehe ich dich nicht von Angesicht und kenne deinen Namen nicht.«
Und da antwortete die Stimme: »Ich bin der Evangelist Johannes, der Lieblingsjünger Christi.«
Da sprach der Sünder, und Freude erfüllte seine Stimme: »Jetzt kann ich nicht mehr zurückgewiesen werden: Petrus und David werden mich einlassen, weil sie die Schwachheit der Menschen kennen und weil sich ihnen die Güte Gottes offenbaret hat. Du aber wirst mich einlassen, weil Liebe in dir wohnet. Habe ich nicht in deinem Evangelium die Worte gelesen: Wer nicht Liebe hat, der kennet Gott nicht, denn Gott ist Liebe. Hast du nicht in deinem Alter den Menschen zugerufen: Kindlein, liebet einander! Wie solltest du jetzt Hass auf mich werfen und mich von hier vertreiben. Unmöglich ist es, dass du all das verleugnest, was du selber belehret hast. So musst du auch mich sündigen Menschen lieben und mich einlassen in das Himmelreich.«
Und da öffneten sich die Tore des Himmels, und es umfing Johannes den reuigen Sünder und hieß ihn eintreten in das Reich Gottes.

Leo Tolstoi

Seltener die Tage des Lächelns

Seltener die Tage des Lächelns. Nichts bietet Halt, wenn ich über die Felder hinaussehe. Nur noch die schöne Spur, die du in meinen Augen hinterlassen hast; ich will sie mir sichern, ehe der Regen sie fortschwemmt. – Ich möchte mich dir nähern, dem Abend entgegen: als Mitbringsel eine Handvoll Traum. – Ich habe dir eine Kerze entzündet.

In der Dämmerung versinken die Vögel auf dem Feld, wie vergeblich gehütete Tage in der Erinnerung. Dein Gesicht zeichnet sich im Blau des Fensters. Ich lösche jetzt das Licht. –

Berthold Weckmann

Du
gefunden
geliebt
verloren
immer noch geliebt
ewig betrauert und geliebt
Du

Christine Fleck-Bohaumilitzky

Suchen

Überall deine Spuren

In diesem Bett hast du geschlafen,
an diesem Platz gesessen,
in den Kleidern ist noch dein Geruch.
Der Garten erzählt von dir,
diese Musik war deine Musik.

Ich komme zu nichts.
Einfache Dinge belasten mich.
Gelähmt bin ich,
mein Alltag strengt mich an.

Mich plagen Schuldgefühle:
Hätte ich doch …
Wäre ich doch …
Das macht dich nicht mehr lebendig.

Du bist um mich herum,
ich spüre dich.

Ich bin so traurig!
Du zeigst mir, dass ich traurig sein darf.
Das tut gut.

Im Herz des anderen

Dein Haar, wie fremd jetzt. Müder Lidschlag der Dämmerung. Kähne gleiten die Jahre entlang, kaum hörbar, still. Steht nicht jener unter den Reisenden, vereinzelt, den man aus seiner Kindheit zu kennen glaubt? Der, dem man in endlosen Träumen folgte, seine Fußspur im Herz des anderen –, der fremd war.
Die Sehnsucht. – Die Träume von damals verwittern im Wind. In den blinden Gläsern steht noch ein Rest Nacht. Es gibt keinen Grund zur Besorgnis, heißt es. Alles sei gesagt. – Meine Hand tastet sich an Minuten entlang. Zum letzten Mal erhebt sich der Kranich: Sein Gefieder umfängt deinen unendlich alten Blick. Später, vielleicht, wirst du weinen. Das bleibt. –

Berthold Weckmann

Vergiss die blühenden Mandelbäume.
Es lohnt nicht,
sich an Dinge zu erinnern,
die nie wieder zurückkehren können.
Lass deine nassen Haare in der Sonne trocknen,
das feuchte schwere rote Schimmern deiner Haare
soll verträumt glänzen wie eine reife Frucht.
Liebste, Liebste,
wir haben
den Herbst ...

Nâzim Hikmet

Ich will niemanden belästigen mit meiner Trauer. Ihr schweigt betreten, aber die Mienen verraten es: »Los, lach doch wieder, mit deiner Traurigkeit vermiest du uns die Stimmung.«
Man fragt mich vorsichtig: »Wie geht es dir?« Und ich antworte, damit man mich in Ruhe lässt: »Jeden Tag besser«. Doch was wisst ihr?

Georg Schwikart

In einer beliebigen Straße

Über breit getretenen Steinquadraten
flirrt Frühlingslicht wie ein Vogel
Da höre ich deine Schritte
weit ausholend und schwingend
Wenn ich genau hinsehe
bleibt das Pflaster leer
Auf den ersten grünen Spitzen
in den Anlagen sehe ich
deinen leise entzückten Blick
aber die Sträucher werfen mir nur
die eigenen Augen-Blicke zurück
Den Gegendruck deiner Finger
verschlungen mit meinen spüren
doch meine Manteltasche
beherbergt nur eine Hand

Benita Glage

Zu jener Zeit

Übrig bleiben werden von dir nur ein paar abgetretene Schuhe, ein wenig getragene Kleidung, irgendwelche Rechnungen, Aufzeichnungen, die zu lesen niemand Lust hat. Jemand wird auf all das schauen und sagen: »Nun, von dem ist nicht viel geblieben.«

Aber wenn du so auf das »Wenige« schaust, das von einem dir nahen Menschen geblieben ist, dann weißt du, dass es so nicht stimmt: dass er vielmehr vor Gott so dasteht, wie er von Tag zu Tag sein Leben lang geworden ist.

Mieczyslaw Malinski

Here lies One
Whose Name was writ in Water

[Hier liegt einer,
dessen Name ins Wasser geschrieben wurde]

Inschrift auf dem Grabstein von John Keats

Wiedersehen

Nach deinem Tod
spürte ich dich noch lange
im Windeshauch
im Duft der Blumen
im Vogelgesang
in Dingen, in denen deine Lebenskraft noch weilte
Es tröstete
Es tat so weh

Ich höre noch deine Stimme
spüre noch, wie du liebend
helfend bei mir stehst
Deine Worte: Weine nicht um mich
wenn ich gegangen bin
Wir werden uns bei Gott wieder sehen,
tragen mich
Ich weine nicht mehr

Jetzt kann ich mich wieder am Leben freuen
und Gott danken
dass Er dich mir schenkte
dass Er mir noch Lebenszeit
mit neuen Zielen gibt
Wir werden uns bei Gott wieder sehen

Eila Kratz

Ich wollte doch eher gehen als du. Wer gießt denn jetzt die Blumen im Haus? Die sollen nicht auch noch sterben.

Georg Schwikart

Der Strom

Die Nacht glich einer Nacht, die Trauer – einer Trauer.
Etwas wollte sich vergolden, doch es fehlte an Zeit.
Der Strom ließ seine Ufer fallen, erhob sich ganz von der Aue,
Und in die Ewigkeit aufgerichtet, ging er durch Waldesmitte.

Er ging zum Kreuze in der Einöde, wo ihrer Sterne unsicher
Die Unendlichkeit sich an den Seufzern der Minze ermannt
und seine strömende Brust marterte er ans Holz
und blieb dort hängen, ohne Grund ans Kreuz gebannt.

Wozu brauchst du, Traum-Woge, an dem Kreuze die Nächte?
Für wen, stolzes Wasser, willst du verkommen und verenden?
Für diejenigen, die ihren Grund und die Ufer schon auslebten.
Für diejenigen, die von da an nicht wissen, wohin sich nun wenden.

Boleslaw Lesmian

Was bleibt zu alldem noch zu sagen? Gott selbst ist für uns, wer will sich dann gegen uns stellen? Er hat seinen eigenen Sohn nicht verschont, sondern hat ihn für uns alle in den Tod gegeben. Wenn er uns aber den Sohn geschenkt hat, wird er uns dann noch irgendetwas vorenthalten? Wer kann die Menschen anklagen, die Gott erwählt hat? Gott selbst spricht sie frei. Wer kann sie verurteilen? Christus ist für sie gestorben, ja noch mehr: Er ist vom Tod erweckt worden. Er hat seinen Platz an Gottes rechter Seite. Dort tritt er für uns ein.
Kann uns noch irgendetwas von Christus und seiner Liebe trennen? Etwa Leiden, Angst und Verfolgung, Hunger oder Kälte, Gefahren für Leib und Leben oder gar die Hinrichtung? ... Aber mitten in alldem triumphieren wir als Sieger mit Hilfe dessen, der uns so sehr geliebt hat.
Ich bin ganz sicher, dass nichts uns von seiner Liebe trennen kann: weder Tod noch Leben, weder Engel noch Dämonen noch andere gottfeindliche Mächte, weder Gegenwärtiges noch Zukünftiges, weder Himmel noch Hölle.
Nichts in der ganzen Welt kann uns jemals trennen von der Liebe Gottes, die uns verbürgt ist in Jesus Christus, unserem Herrn.

Aus dem Römerbrief

Von Tag zu Tag nehme ich Abschied von der Fremde, die mir Heimat geworden ist

Ich habe nie damit gerechnet, dass ich in der Fremde alt werde. Ich war jung und wollte neue Welten entdecken. Ich wollte, dass die Fremde mir Zuhause wird. Sie wurde mir sogar Heimat.
Die Jahre vergingen, und ich wurde alt. Ich habe Wurzeln am Rhein geschlagen. Meine Frau und meine drei Kindern waren mein Zuhause.
Der Tag kam, und ich wachte eines Tages im Bett des Malteser Krankenhauses in Bonn auf. Ich hatte einen schweren Schlaganfall, und der rechte Teil meines Körpers war gelähmt. Ich konnte mich nicht bewegen. Ich war an das Bett gefesselt und durch die Medikamente betäubt. Dies habe ich mir nie vorgestellt, wie ich schon nie gedacht habe, dass ich alt werde.
»Du kannst es aushalten«, dachte ich mir. Du hast eine starke Willenskraft und du hast die Liebe deiner Familie. Du kannst wieder aufstehen und mit deinen Enkelkindern an der Rheinpromenade spazieren gehen. Der Rhein gab mir Hoffnung.
Doch die Zeit kam. Ich sah dem Tod ins Auge. Meine Frau und meine Kinder begleiteten mich in meiner Einsamkeit im Bett des Krankenhauses. Ich träumte vom Rhein.
Der Rhein fließt Tag und Nacht durch meine Träume. Auch das Leben verlässt von Tag zu Tag meinen Körper, wie der Rhein viele Städte hinter sich lässt und sich in Sehnsucht mit dem Ozean umarmt. Ich werde von Tag zu Tag meinem Tod näher kommen. Der Tod ist eine Befreiung meines gelähmten Körpers, der in Würde seine Reise zu Ende bringen möchte.
Ich lasse Spuren hinter mir. Andenken und Geschichten werden von mir zurück bleiben. Meine Enkelkinder werden Geschichten über mich erzählen. Unser Opa, der Fremde, der sein Glück hier am Rhein suchte, erreichte alles, was er sich wünschte: die Liebe.

Denn die Liebe bleibt ewig.
Von Tag zu Tag näherte ich mich dem Ozean meiner Träume. Ich nehme Abschied von all meinen Geliebten. Ich bin bereit, mich zu einer fernen Reise zu begeben. Ich träume von einer neuen Zukunft. Einer neuen Zukunft, die ewiglich ist.

Hıdır E. Çelik

Ich mache mich auf den Weg.
Ich sage nicht: Alles soll bleiben wie es ist.
Ich sage nicht: Man kann ohnehin nichts ändern.
Ich sage nicht: So ist nun mal die Welt.
Ich mache mich auf den Weg.

Georg Schwikart

Gemeinsam gingen wir in diesem Leben
so manchen Schritt auch Hand in Hand.
Doch nahm der Ring an unserm Finger
uns nichts von unserm Eigenstand.

So trennten sich oft unsre hellen Tage
zu diesem und zu jenem Ort.
Es lagen Zeit und Raum dazwischen,
und dennoch warst du niemals fort;
denn hielt ich inne, konnt' ich dir begegnen
bei Tag und Nacht in unsrer Zeit,
sah deine Augen zu mir sprechen
und fühlte keine Einsamkeit.

Jetzt aber, wo dein Auge ist gebrochen –
ich find den Weg nicht mehr zu dir.
All meine Liebe, all mein Sehnen,
sie prallen gegen diese Tür,
die unerbittlich stählern hält verschlossen
mir deine Zeit und deinen Raum.
Ich kann sie nun nicht mehr betreten,
ich weiß es, doch begreif ich's kaum.
Ich starre nur in schattengraue Leere,
die Stille dröhnt mir dumpf im Ohr.
Da ringt ein Schmerz sich aus der Seele:
»Wo find ich dich?«, schreit es empor.

Christel Kehl-Kochanek

Überall sehe ich dich.
Überall spüre ich dich.
Überall rieche ich dich.
Überall finde ich Spuren von dir.

Du begleitest mich überall hin.
Du bist überall in meinen Gedanken.
Du bist mir überall nah.
Du bist überall bei mir.

Nie werde ich dich vergessen.
Du lebst weiter in meinem Herzen.
Deine Spuren sind überall.

Christine Fleck-Bohaumilitzky

Konrads Hund

Den kleinen Hund, den er zurückgelassen hat, habe ich meiner Nachbarin geschenkt. Sie ist Rentnerin. »Ich hätte so gern mal wieder eine sinnvolle Aufgabe«, sagte sie täglich zu uns, wo auch immer wir sie angetroffen haben. Manchmal hat sie sogar an der Tür geschellt, um uns das mitzuteilen.

»Sagen Sie das nicht zu oft«, erwiderte Konrad einmal aus Spaß, »sonst vermache ich ihnen den Hund.« Sie bettelte beinahe darum: »Ach, so ein niedliches Tier würde ich sofort nehmen!«

»Kaufen Sie sich doch eins«, sagte ich mürrisch und schob sie durch die Tür.

Und dann – es war vergangenes Jahr im Winter – habe ich sie beim Wort genommen: »Ich schenke ihnen das niedliche Tier, weil …«

Bevor sie sich in Dankeshymnen und Beileidssprüchen ergehen konnte, hatte ich ihr schon alles übergeben, was noch dazu gehörte: das Körbchen, die Leine, den Impfpass und das restliche Futter.

Seither sehe ich die Nachbarin kaum noch, sie scheint mit dem Hund beschäftigt zu sein.

Manchmal höre ich ihn leise winseln hinter der Tür der Nachbarin, ganz leise. Klingt es wie ein Wort? Ich weiß es nicht genau. Es ist ein merkwürdiger, zweisilbiger Laut.

Eines Morgens beim Frühstück fällt es mir plötzlich ein. Das Sonnenlicht fällt blass auf den Küchentisch, winzige Staubkörnchen tanzen in der Luft, die Häuser gegenüber liegen im Halbschatten. Das Wort ist ein Name. »Konrad«, winselt der Hund, »Konrad«.

Adrienne Brehmer

Seht doch, wie sehr uns der Vater geliebt hat!
Seine Liebe ist so groß, dass er uns seine Kinder nennt.
Und wir sind es wirklich: Gottes Kinder!
Deshalb kennt uns die Welt nicht; sie hat ja auch ihn nicht erkannt.
Ihr Lieben, wir sind schon Kinder Gottes.
Was wir einmal sein werden, ist jetzt noch nicht sichtbar.
Aber wir wissen, wenn es offenbar wird,
werden wir Gott ähnlich sein;
denn wir werden ihn sehen, wie er wirklich ist.

Aus dem ersten Johannesbrief

Sie waren deine Leibspeise, ich musste sie immer machen, wenn du zu Besuch kamst, ganze Berge konntest du davon verdrücken: Reibekuchen, frisch aus der Pfanne, schön ölig, dazu ein Bier und nachher einen Schnaps.
Wenn ich heute irgendwo Reibekuchen esse, selbstgebackene, in der Kneipe oder vor dem Hauptbahnhof, dann tue ich es zu deinem Gedächtnis.

Georg Schwikart

Vorfrühling

Platanen säumen den Weg,
strecken ihre kahlen Äste
in den blaugrauen Himmel.

Schnittstellen

Saft tritt aus,
befeuchtet die Wunden,
verklebt sie,
rinnt über den Stamm ins Erdreich.

Der Baum weint,
klagt das Kind.

Er wird leben,
sagt die Mutter.

Helga Wohlfromm

Steht nicht an meinem Grab und weint.
Ich bin nicht dort. Ich schlafe nicht.
Ich bin tausend Winde, die wehen.
Ich bin das diamantene Glitzern des Schnees.
Ich bin das Sonnenlicht auf gereiftem Korn.
Ich bin der freundliche Herbstregen.
Wenn ihr in der Morgenstille erwacht, bin ich das schnelle,
aufsteigende Dahinschießen stiller Vögel im kreisenden Flug.
Ich bin der sanfte Sternenschein bei Nacht.
Steht nicht an meinem Grab und weint.
Ich bin nicht dort ... Ich bin nicht gestorben.

Indianische Weisheit

Es gibt sie, oder?

Ich fuhr aus der Parklücke und hatte das Auto übersehen, das mit hoher Geschwindigkeit angebraust kam. Es stoppte nur Zentimeter vor meiner Fahrertüre.
»Danke, Gott. Danke, Oma«, murmelte ich gen Himmel – aus dem ein Sonnenstrahl in diesem Moment die Wolken durchbrach.

Ariela Sager

Wir schieben das Unangenehme beiseite, und es gibt wahrscheinlich nur wenige Erfahrungen, die noch unangenehmer sind als die Trauer.
Doch wenn man von tiefer Trauer erfüllt ist, versinkt das Bewusstsein im Reservoir des Verlustempfindens, in dem man aller Verklammerungen, Sehnsüchte und Ängste schmerzlich gewahr wird.
Manche Menschen sprechen von der Trauer in einer Weise, als wären sie auf den Grund eines tiefen Ozeans hinabgetaucht. Und manche erleben sie als eine wunderbare Gelegenheit, um mit Räumen in Berührung zu kommen, zu denen sie wohl sonst nie Zugang gefunden hätten.
Ich sehe, wie sie den auflodernden Geist mit Bejahung, Licht und Sanftmut erfüllen und eine innere Offenheit für die Gefühle des Verlustes und der Trauer schaffen, die so lange in ihnen eingeschlossen waren.

Stephen Levine

Dann sprach Almitra: Wir möchten nun nach dem Tod fragen.
Und er sagte:
Ihr möchtet das Geheimnis des Todes kennen lernen.
Aber wie werdet ihr es finden,
wenn ihr es nicht im Herzen des Lebens sucht?
Die Eule, deren Nachtaugen am Tag blind sind,
kann das Mysterium des Lichts nicht entschleiern.
Wenn ihr wirklich den Geist des Todes schauen wollt,
öffnet eure Herzen weit dem Körper des Lebens.
Denn Leben und Tod sind eins,
so wie der Fluss und das Meer eins sind.

In der Tiefe eurer Hoffnungen und Wünsche
liegt euer stilles Wissen um das Jenseits;
und wie Samen, der unter dem Schnee träumt,
träumt euer Herz vom Frühling.
Traut den Träumen,
denn in ihnen ist das Tor zur Ewigkeit verborgen.
Eure Angst vor dem Tod ist nichts als das Zittern des Hirten,
wenn er vor dem König steht,
der ihm zur Ehre die Hand auflegen wird.
Freut sich der Hirte unter seinem Zittern nicht,
dass er das Zeichen des Königs tragen wird?
Doch gewahrt er sein Zittern nicht viel mehr?
Denn was heißt sterben anderes,
als nackt im Wind zu stehen und in der Sonne zu schmelzen?
Und was heißt nicht mehr zu atmen anderes,
als den Atem von seinen rastlosen Gezeiten zu befreien,
damit er emporsteigt und sich entfaltet
und ungehindert Gott suchen kann?
Nur wenn ihr vom Fluss der Stille trinkt,
werdet ihr wirklich singen.
Und wenn ihr den Gipfel des Berges erreicht habt,
dann werdet ihr anfangen zu steigen.
Und wenn die Erde eure Glieder fordert,
dann werdet ihr wahrhaft tanzen.

Khalil Gibran

Fortuna, Herrscherin der Welt

O Fortuna!
Wie der Mond
so veränderlich,
wächst du immer
oder schwindest! –
Schmählich Leben!
Erst misshandelt,
dann verwöhnt es
spielerisch den wachen Sinn.
Dürftigkeit,
Großmächtigkeit,
sie zergehn vor ihm wie Eis.

Schicksal,
ungeschlacht und eitel!
Rad, du rollendes!
Schlimm dein Wesen,
dein Glück nichtig,
immer im Zergehn!
Überschattet
und verschleiert
Kommst du nun auch über mich.
Um des Spieles
deiner Bosheit
trag ich jetzt den Buckel bloß.
Los des Heiles
und der Tugend
sind jetzt gegen mich.

Willenskraft
und Schwachheit liegen
imer in der Fron.
Drum zur Stunde
ohne Säumen
rührt die Saiten! –
Wie den Wackeren
das Schicksal
hinstreckt: Alle klagt mit mir!

Aus den Carmina Burana

Ein Haus will ich noch bauen,
bevor ich gehe, nackt und bloß.
Einen Baum will ich noch pflanzen,
bevor man mich in die Erde legt.
Ein Gebet will ich noch sprechen,
bevor ich schweigend schaue,
wer du bist.

Georg Schwikart

Es gibt keinen Maßstab für das Fehlen, mit dem du uns fehlst.

Dorothee Sölle

Integration mit offenem Ende

Trauer ist nie »zu Ende«, ebenso wenig wie der Verlust selbst je »zu Ende«, d. h. aus dem Leben geschnitten und vorbei ist.

Die Möglichkeit besteht, dass das Geschehene zu einem integrierten und sogar konstruktiven Bestandteil des Lebens und der eigenen Lebensgeschichte wird.

Natürlich hört die Trauer als solche irgendwann auf, das einzige oder auch nur das vornehmlich bestimmende Element im Leben zu sein. Wann dies jedoch soweit ist, bestimmen nicht die gesellschaftlichen Konventionen oder die zu Ende gehende Geduld von Freunden, Verwandten und Kollegen, sondern der innere Fortschritt der Trauerarbeit.

Man kann dann von Integration sprechen, wenn das traurige Ereignis keinen übermäßig bestimmenden oder gar hemmenden Einfluss mehr hat, aber trotzdem da sein darf und es nicht so ist, »als wäre nichts gewesen«.

Diese Integration tritt dann ein, wenn man im Prozess des Trauerns nichts überschlagen, sondern alles angeschaut hat, was zur Verarbeitung anstand, und dabei nicht »hängen geblieben« ist, d. h. ab da in der inneren Entwicklung keine Fortschritte mehr gemacht hat.

In der Trauerarbeit liegt ein Versprechen, das sich mit der Integration bewahrheitet: »Es wird alles wieder gut, aber nie mehr wie vorher«.

Jochen Jülicher

Und ein Schiff, vom Hauch des Winds entführt,
die muntre Hafenstadt versinken sieht,
so geht mir dämmernd alles Leben unter:
Jetzt unterscheid ich Farben noch und Formen,
und jetzt liegt Nebel alles unter mir.

Heinrich von Kleist

Ungesagt, so vieles.
Wir kamen nicht dazu.
Jetzt: unendliche Zeit
für Zwiesprache, die ohne
Worte auskommt.

Georg Schwikart

Die romanischen Kirchen, die du stets mit Ehrfurcht betreten hast, jetzt sind sie die Orte, wo ich, mit Gedanken an dich, zu mir komme.

Judith Schwikart

Und vor dem Fenster wurde es ein wenig heller, als die Maisonne hervorschaute.
Ein wenig später ging Ellen in den Garten, eingewickelt in einen Wollmantel ihrer Mutter. Sie ging zum Waldrand. Dort blieb sie stehen und konnte nicht mehr weinen.
Zu ihren Füßen lag Laub vom letzten Jahr um eine Schlüsselblume. Sie bückte sich und hob ein Blatt auf und steckte es in den Pullover, und sie spürte die Feuchtigkeit des Blattes auf ihrer Haut.

Mats Wahl

Da wir, was unsere Körper anbelangt, aus veränderlichen Elementen zusammengesetzt sind, so bestehen wir mit der Welt aus Veränderung und existieren durch Veränderung; aber, da unsere Seelen von einer anderen und edleren Natur sind, so sollten wir unsere Ruhe in einer dauerhafteren Wohnung suchen.

William Penn

Einem Trauernden

Die Welt ist bunt!
Und wir sind mittendrin.
Doch kann man es mitunter nicht erkennen.

Sie dreht sich rund.
Man schwindelt ohne Sinn.
Du wünschst, man würde dich mit ihr verbrennen.

Alles scheint wund.
Die Liebste ging dahin.
Es bleibt ein Schmerz – man kann ihn nicht benennen.

Marc Arno Haunschild

Gewöhne dich an den Gedanken,
dass der Tod für uns keine Bedeutung hat,
da ja alles Gute und Schlechte eine Frage der Wahrnehmung ist.
Der Tod aber ist die Beraubung der Wahrnehmung.

Epikur

Bewahren

Ein Teil von mir

Ich muss über dich sprechen.
Ich betrachte alte Fotos.
Ich wühle in Erinnerungen.

Eine Art kleinen Altar baue ich:
Vor dein Bild stelle ich eine Kerze.
Ich komme mir einfältig vor.

Die Pantoffeln kann ich nicht wegwerfen.
Das Zimmer bleibt, wie es war.
Ich stelle einen Teller auf deinen Platz.

Ich bin so einsam.
Du fehlst mir.
Werde ich je wieder froh sein können?

Am Morgen

Den Frühstückstisch decke ich nicht für mich allein, dein Gedeck stelle ich dem meinen gegenüber. Seit mehreren Monaten mache ich das so.

Inzwischen ist es Hochsommer. Gänseblümchen wachsen auf der Wiese unter meinem Balkon. Es riecht nach Gras und Schwimmbad, der Duft lockt mich in den Garten, und ich pflücke die Gänseblümchen, flechte dir daraus einen Kranz und lege ihn auf deinen Teller. Dann gieße ich dir Kaffee ein, der gerade durchgelaufen ist und nun in deiner schweren Tontasse dampft.

Später gieße ich ihn in den Spülstein, er ist nur noch lauwarm, ein dünner Kaffeerand hat sich an der Innenseite der Tasse gebildet. Ich möchte dich halten, so behalten am Frühstückstisch und nicht nur am Frühstückstisch.

Mit beiden Händen hast du sie umfasst, die Tasse. Die Haut der Handrücken war häufig etwas trocken, die Knochen an deinen Fingergelenken breit. Stark waren sie, die Knochen, zupacken konntest du, und ich sehe dich immer noch Nüsse lesen, Rosen schneiden, Laub zusammenrechen und die Kohlen für den Winter schleppen.

Diesen Herbst werde ich das tun, zum ersten Mal. Auch die Hortensien werde ich in eine Schale ins Wasser legen und auf die Kommode im Flur stellen. Dann werde ich die Nachbarn bitten, mir zu helfen, das Segelboot an Land zu holen, damit ich es winterfest machen kann.

Aber noch ist Sommer und es duftet nach Gras und Schwimmbad. Ich gehe in den Garten, ein bläulicher Schimmer liegt über den Bäumen, der Himmel ist silbrig und weit. Ich pflücke Gänseblümchen, flechte dir einen Kranz daraus und lege ihn auf dein Grab.

Adrienne Brehmer

Mein Vater

Wir sind zusammen gewandert,
geritten, geklettert, skigefahren;
wir haben gemeinsam mit Lego gespielt,
das Dach ausgebaut,
gebastelt und Tennis gespielt;
wir sind zusammen gesegelt und getaucht,
haben Motorräder geschraubt und bewegt,
wir haben es gesucht,
wir haben es gebraucht,
es war alles drin –
eine fantastische Zeit!
Er hatte immer für mich Zeit.
Er war mein einziger Vater,
ich sein einziger Sohn,
es gab nur eine einzige Liebe.

Heiko Held

Verschämte Worte in taube Hände gedrückt ohne Blick
herzliches Beileid starren die Krähen nebelnass hinab
in das schwarze Loch wurde ich mit versenkt lebendigtot
versuche ich mich zu erinnern
wie der Himmel im August aussieht ohne dich.
Und wieder einmal verbeißt sich das wilde Tier
trunken von Tränen die Farben aufgelöst
in schwarz und grau reißt es Stücke aus mir
bis ich wund und weh gehäutet schreit der Wal
meinen Schmerz über tiefsten schwarzen Grund
und spuckt mich an Land ohne dich bin ich halb
geteilt verstümmelt sinnlos bin ich mir fremd
verlorengegangen aus dem Paradies und suche
Adams Rippe fehlt mir weißgott doch irgendwann nachts
bannen salzgrün getrübt meine Augen die Schaumkronen
auf der Wasserlinie bewegt sich dein Boot langsam fort von mir
aber mein Fuß steckt fest im Sand.
Und Welle für Welle flutet das Meer unerbittlich
im lebendigen Rhythmus tilgt die Flut dann alle Spuren im Sand
aber bleiben Muscheln zurück als Erinnerung an dich
ist immer und überall kann ich sie mitnehmen in den Sommer.

Helene Schäfer

Keine Worte für Alles

Der dunkle Weg unter der Sonne
Der Asche zur Erde folgend
Ließ meine Augen pelzig schauen
Und drückte mich tief
In schwarze Schuh

Als der Schmetterling empor stieg
Und Einlass bekam
Am großen Tor
Fiel durch ihn
Das Licht
Für einen Moment
In mich

Berührten mich
Für immer
Ganz rein
Tausend Fuhren Sonne
Und
Hundert Eimer Liebe

Rainer Klehn

Ein schöner Trost, den ich da lese in der Offenbarung, am Ende der Heiligen Schrift: Du, Gott, wirst einen neuen Himmel und eine neue Erde schaffen. Dort wird es keinen Tod mehr geben, keine Traurigkeit, keine Klage und keine Quälerei. Denn was einmal war, sei für immer vergangen.
Doch das alles ist Verheißung. Wir leben nicht in der neuen, sondern in der alten Welt. Hier und heute gibt es noch den Tod, die Trauer, die Klage und die Qual. Was hilft mir da das Versprechen, all das werde einmal ein Ende haben?
Jetzt, an diesem Tag, in dieser Stunde muss ich durchhalten, meine Zeit bestehen.
Deswegen, Gott, richte mich auf, da ich so schwer zu tragen habe an meiner Existenz. Nur dieser Trost macht mich stark: Dass du selbst, Gott, bei mir sein wirst.
Ja, dieses Versprechen ist bereits in Erfüllung gegangen!
Für Momente getragener Nähe ...

Georg Schwikart

Es kann sein, dass der Wunsch,
mich nicht ein für allemal und unwiderruflich
von euch getrennt zu wissen,
der Vater dieses Glaubens ist.
Wie aber, wenn Wunsch und Glaube
einmal Zwillingsbrüder wären?

Fridolin Stier

Die Gewissheit ist felsenfest:
wenn der Augenblick gekommen ist,
wird die Nacht zerreißen
und das Morgenrot wieder hervorbrechen.
Möge die Morgenröte kommen
und eines Tages unser Tod,
Anbruch eines neuen Lebens.

Roger Schutz

in memoriam D.

Das leugnen
das beharrliche
in mir die glut als
seist du noch zu wärmen
für eine stunde
oder zwei, schwelend
in moorschwarzer stille
: passé
und nichts nachzureichen
schon gar nicht
wärme

Es heißt da sei
ein land der lebenden und eins
der toten, meines hier
dort deins
ach wüsste ichs zu orten

Bleibt mir noch dein
name, schrei
ganz ohne mund
oder weiterleugnen, sagen
: sie schläft

Helmut Schmelmer

Auf Wiedersehen

Geliebter, auch wenn du nicht mehr hier bist
– neben mir, bei mir –, bist du um mich.
Auch wenn ich nicht mehr deine Hand halten kann,
nicht mehr deine Augen leuchten sehe über meine Erfolge
oder weinen über meine Missgeschicke und Enttäuschungen.
Auch wenn wir nicht mehr streiten mit Worten,
uns nicht mehr versöhnen in Liebe,
weiß ich genau, deine Hand hält weiter meine,
deine Augen leuchten noch immer über die Dinge, die mich freuen.
Weinst du weiter mit mir an den schlechten Tagen?
In meinen Gedanken streiten und vertragen wir uns noch immer.
In verzweifelten Momenten ist Trost in mir,
der sich anfühlt, als käme er von deinen Lippen.
In auswegslosen Situationen finde ich neue Ideen in mir,
die sich anhören, als hättest du sie vorgeschlagen.
Ich fühle: Du bist bei mir, solange, bis wir uns wieder sehen.
Auf ein Wiedersehen, Geliebter – am Ende meines Lebens,
in dem du immer bei mir sein wirst.

Ariela Sager

Wir wissen ja:
Wenn das irdische Zelt, in dem wir jetzt leben,
nämlich unser Körper, abgebrochen wird,
hat Gott eine andere Behausung für uns bereit:
ein Haus im Himmel, das nicht von Menschen gebaut ist
und das in Ewigkeit bestehen bleibt.
Weil wir das wissen, stöhnen wir und sehnen uns danach,
mit dieser himmlischen Behausung umkleidet zu werden;
denn wir wollen ja nicht nackt dastehen,
wenn wir den irdischen Körper ablegen müssen.
Ja, wir sind bedrückt und stöhnen,
solange wir noch in diesem Körper leben;
wir wollen aber nicht von unserem sterblichen Körper befreit werden,
sondern in den unvergänglichen Körper hineinschlüpfen.
Was an uns vergänglich ist, soll vom Leben verschlungen werden.
Wir werden auch an dieses Ziel gelangen,
denn Gott selbst hat in uns die Voraussetzung dafür geschaffen:
Er hat uns ja schon als Anzahlung
auf das ewige Leben seinen Geist gegeben.
Deshalb bin ich in jeder Lage zuversichtlich.
Ich weiß zwar: Solange ich in diesem Körper lebe,
bin ich vom Herrn getrennt.
Wir leben ja noch in der Zeit des Glaubens,
noch nicht in der Zeit des Schauens.

Aus dem zweiten Brief an die Korinther

ohne Gewähr

ihr Körper im Schrein
zur Schau gestellt
wehrlos
rief Haron an

kalte Berührung von deiner Hand
ließ Muskelfasern erstarren
und Blut in Gefäßen versickern
in Marmor gebannt blieb sie regungslos liegen
stumm-starr ins Nichts blickend

zitternde bebende Leere
an Stelle eines Menschen
der aufhörte zu existieren
und sich ins Nichts auflöste
bis auf eine Spur auf dem weißen Blatt Papier

wie beschwerlich wie mühsam
zerbrechliche Flügel der Seele
wieder zusammenzufügen
wunde Stellen kaschieren und Brüche
und weiter marschieren

als ob nichts wäre

Halina Nitropisch

Wie unergründlich tief ist Gottes Reichtum,
wie tief seine Weisheit und seine Voraussicht!
Wie unerforschlich sind seine Gerichtsurteile,
wie unbegreiflich seine Führungen!
Denn wer hat die Gedanken des Herrn erkannt,
oder wer ist sein Ratgeber gewesen?
Wer hat ihm je ein Geschenk gemacht,
sodass er etwas dafür fordern könnte?
Von Gott kommt alles,
durch Gott lebt alles,
zu Gott geht alles.
Ihm gehört die Herrlichkeit für immer und ewig!
Amen.

Aus dem Römerbrief

Stark wie der Tod ist die Liebe.
Auch Wasserfluten löschen sie nicht aus.

Aus dem Hohenlied

Eines Menschen Zeit währet länger als seine Jahre.

Peter Bamm

Der Tod ist groß.
Wir sind die Seinen
lachenden Munds.
Wenn wir uns mitten
im Leben meinen,
wagt er zu weinen
mitten in uns.

Rainer Maria Rilke

Das einzig wichtige im Leben ist die Spur an Liebe,
die wir hinterlassen, wenn wir gehen.

Albert Schweitzer

Der Tod ist unvermeidlich ... Infolgedessen ist der Tod, wenn wir ihn fürchten, eine dauernde Beunruhigung für uns; diese Last kann uns nicht abgenommen werden. Von allen Seiten kann er uns überfallen; es nützt nichts, wenn wir, wie in verdächtigem Gelände, den Kopf unaufhörlich hierhin und dorthin drehen: Er hängt immer über uns, wie der Felsblock über dem Haupte des Tantalus.
Das Ziel unseres Lebenslaufes ist der Tod; zwangsweise richten wir unseren Blick auf ihn: Wenn er uns erschreckt, wie können wir da einen Schritt ohne Schaudern gehen? Was tut der gemeine Mann dagegen? Er denkt nicht daran; aber welch tierischer Stumpfsinn gehört dazu, einer so groben Verblendung zu erliegen! (...)
Wo der Tod auf uns wartet, ist unbestimmt; wir wollen überall auf ihn gefasst sein. Sich in Gedanken auf den Tod einrichten, heißt sich auf die Freiheit einrichten; wer zu sterben gelernt hat, den drückt kein Dienst mehr: Nichts mehr ist schlimm im Leben für denjenigen, dem die Erkenntnis aufgegangen ist, dass es kein Unglück ist, nicht mehr zu leben.
Sterbenkönnen befreit uns von aller Knechtschaft, von allem Zwang.

Michel de Montaigne

Ich sehe dich

Tief hängt der Nebel über plattem Land.
Die schwarze Krähe pickt den Wurm
aus erdenschwerer Scholle.

Grau schlängelt sich die kleine Straße.
Das grüne Feld mit Winterfutter trägt
unzählig gelbe Blüten.

Hier bist du gefahren, Tag für Tag
und Jahr für Jahr in allen Jahreszeiten.
Morgens zur Arbeit und abends zurück.

Das Herz dir schwer und trüb dein Sinn,
so bist du häufig heimgeschlichen.
Verzeih, mein Ich nahm allen Raum.

Ich sehe dich, hier auf der Straße fahren,
an einem grauen Nebeltag wie diesen.
Ich sehe dich und seh' dich doch nicht wieder.

Barbara Held

Hoffnung

Schatten
fallen,
fesseln dich
mit Trauerschleiern,

weiden
auf Tränen
getränktem Boden,
saugen, rauben
Lebensluft,

ohne Dauer
ihr Dasein,
wenn du
sie anschaust,
wartend aushältst,

Schatten
fallen
in ihr Reich
zurück.

Karin Chauvistré

Über solches sollt ihr nicht erschrecken,
dass ihr solchen Trost nicht habt;
denn es ist ein elender, schlechter Trost, der nicht länger dauert,
bis ein Fieber, eine Krankheit kommt,
so ist dieser weltliche Trost schon dahin.
Ich aber will euch einen anderen Tröster schaffen,
den Geist der Wahrheit, der euch dann trösten soll,
wenn ihr erschrocken, blöde, elend und armselig seid,
beides vor den Leuten und in eurem Herzen vor euch selbst.
Denn darum führt der Heilige Geist den Namen,
dass er ein Tröster heißt, und nicht ein Betrüber.
Denn wo Traurigkeit und Betrübnis ist,
da ist der Heilige Geist, der Tröster, nicht zu Haus.
Dieser Tröster heißt nun auch ein Geist der Wahrheit,
denn er tröstet nicht wie die Welt,
bei der kein Bestand ist, sondern sein Trost wäret ewiglich
und kann niemand betrügen.

Martin Luther

Als der Tag nahte, an dem meine Mutter aus diesem Leben scheiden sollte – Du kanntest diesen Tag, wir nicht – da geschah es, wie ich glaube durch eine geheime Fügung, dass ich und sie an einem Fenster gelehnt standen, das eine Aussicht auf den Garten bot. Dort in Ostia war es, am Tiber, wo wir, fern von dem Geräusch der Welt, nach den Anstrengungen der langen Reise, Kräfte für die Seefahrt sammelten. Wir unterhielten uns allein in trautem Gespräch. In Deiner Gegenwart, der Du die Wahrheit bist, fragten wir uns, wie wohl das ewige Leben sein würde, das »kein Auge gesehen, kein Ohr gehört und das in keines Menschen Herz gekommen ist«. Und als unsere Unterhaltung zu Ende gelangt war, dass auch die höchste Lust, die uns die Sinne vermitteln, bei allem Glanz immer nur körperlich bleibt und neben der Lieblichkeit jenes Lebens keine Erwähnung, geschweige denn einen Vergleich verdient – da erhoben wir uns mit noch heißerer Sehnsucht zu dem, was das Selbst ist, und durchgingen die ganze Stufenleiter der ganzen Körperwelt und des Himmels. Und immer weiter stiegen wir auf, innerlich Deine Werke bedenkend, bewundernd und besprechend, und so kamen wir schließlich zu unserem Geiste. Auch über ihn schritten wir hinaus, um in die Gegend unerschöpflicher Fruchtbarkeit zu gelangen, wo Leben gleich Wahrheit ist. Und während wir von ihr redeten und nach ihr verlangten, berührten wir sie leise in einem Augenblick höchster Herzenserhebung. (...) Und dann kehrten wir wieder zurück zu Worten, die Anfang und Ende haben. Was aber gleicht Deinem Worte, das uns gebietet und, ohne zu altern, in sich bleibt und alles erneuert? Wir sprachen also: Es schweige in einem Menschen der Sturm des Fleisches, es schweige jede Vorstellung von Land, Wasser und Luft, es schweige das Himmelsgewölbe, ja, selbst die Seele in sich und, ihrer selbstvergessend, erhebe sie sich über sich; es schweige die Zunge und jegliches Zeichen und alles, was entsteht und vorübergeht, schweige völlig still. (...)

Und wenn nun der Schöpfer selber spräche, nicht durch diese Dinge, sondern durch sich selbst, so dass wir Sein Wort nicht von eines Menschen Zunge, noch durch eines Engels Stimme, noch im Donner der Wolke, noch durch Rätsel und Gleichnis vernähmen, sondern Ihn selbst, den wir in diesen Dingen lieben, Ihn selbst vernähmen, gleich wie wir uns jetzt erhoben und in reißendem Gedankenfluge die ewige, unvergängliche Wahrheit berührten; wenn endlich dieser Zustand anhielte und alle anderen Vorstellungen verschwänden und nur diese eine den Schauenden hinrisse und in sich aufnähme und in innerlicher Wonne bürge, so dass ein Gleichnis ewigen Lebens wäre jener Augenblick höchster Erkenntnis, nach dem wir geseufzt – wäre dies nicht der Zeitpunkt, von dem geschrieben steht: Geh ein in die Freude deines Herrn?

Aurelius Augustinus

Wenn du fest überzeugt bist und dich stets daran erinnerst, dass es dir zu jeder Zeit bevorsteht, deine irdische Hülle zu verlassen, so wird es dir leichter, Gerechtigkeit auszuüben und der Wahrheit gemäß zu handeln, leichter, dich deinem Schicksal zu ergeben. Dann wirst du gelassen allem menschlichem Gerede, allen Schmähungen und bösen Anschlägen begegnen, wirst dich sogar um diese nicht kümmern. Von nur zwei Aufgaben völlig in Anspruch genommen, wirst du in allen Dingen, die dir bevorstehen, gerecht verfahren und wirst ohne Murren dein tägliches Joch tragen. So kann der Mensch inneren Frieden erlangen; weil alle seine Wünsche zu Einem führen – unter Gottes Macht zu bleiben.

Mark Aurel

Ich erfuhr die Stille wie eine Gegenwart.
Im Herzen der Stille war Er, der selbst Stille, Frieden und Gelassenheit ist.

Georges Bernanos

Zeit die uns bestimmt
Zeit der wir uns beugen
Zeit die uns vergeht
bis die Zeit zeitlos wird

Amelie Deutgen

Wanken

Jeder Tag ein neuer Abschied

Ich werfe etwas weg, das dir gehört hat.
Ich verrücke die Möbel.
Dann möchte ich alles rückgängig machen.
Ich werde noch verrückt.

Dein Geburtstag, ohne dich.
Weihnachten, ohne dich.
Sommerferien, ohne dich.
Das halte ich nicht durch.

Ich träume von dir,
du fehlst mir so.

Ich soll wieder funktionieren.
Man lädt mich ein.
Die Geduld der Freunde lässt nach.
Meine Traurigkeit verberge ich
unter der Maske der Stärke.

Man rät mir, dich loszulassen.
Doch niemals lasse ich dich los.
Du bist für immer ein Teil von mir,
auch wenn du tot bist.

Möget ihr mich so kennen, wie ich euch kenne,
möget ihr meinen Namen so kennen, wie ich euren Namen kenne.
Möge ich zu euch gelangen, möget ihr zu mir gelangen,
möget ihr durch mich leben, möge ich durch euch leben.
Möget ihr mich dem Leben überweisen, das in eurer Hand ist,
und dem Heil, das in eurer Faust ist.

Möget ihr mich dem Leben neu zurechnen jedes Jahr,
möget ihr viele Jahre über meine Lebensjahre hinaus gewähren,
viele Monate über meine Lebensmonate hinaus,
viele Tage über meine Lebenstage hinaus,
viele Nächte über meine Lebensnächte hinaus,
bis ich fortgehen und mich bis zu meinem Abbild erheben werde.

Aus dem Totenbuch der Ägypter

Liebe kann alles tun nur nicht die Toten wecken
Ich zweifle ob selbst dies
Solchem Riesen vorzuenthalten
Wäre der Körper entsprechend

Doch Liebe ist müde und muss schlafen,
Und hungrig und muß sich nähren
Und so lockt die schimmernde Schar
Bis sie dem Blick entschwindet.

Emiliy Dickinson

An Dirks Grab zünde ich eine kleine Kerze an. Warum eigentlich? Mein Freund ist nicht hier. Hier ruht nur, was an ihm sterblich war. Was an ihm unsterblich ist, kann man nicht verbrennen, nicht begraben. Er hat nichts von dieser Kerze. Aber mir tut es gut, ihre kleine Flamme zu sehen, flackerndes Licht, vergänglich.

Georg Schwikart

Wollte ich, was sich in mir während dieses Winters ereignet, im Gespräch mit dem Phänomen Wien pathetisch ausdrücken, so müsste ich von einem inneren Unfall sprechen, vom Einbruch der dunklen Wasser in einen leer gewordenen Raum, einem Einbruch also von unten her. Man blickt nicht ungestraft in den Kosmos, die Tiefsee, die Geschichte – und vielleicht auch nicht ungestraft in sich selbst, in den Menschen.
Was mich überrascht, ist, dass ich keine Bangnis empfinde; dass es mich beruhigt, dort wieder anzulangen, wo ich in Jünglingsjahren war. Freilich: keine Vermessenheit! Dem Himmel ist so wenig zu trauen wie den Nerven, der inneren Resistenz; schon glimmen die verdächtigen Farben über dem Gespensterrad des Prater. Ich behaupte nicht, dass ich stärker bin als der Föhn.

Reinhold Schneider

Ich verzeihe dir,
Dass du ohne Antwort
Auf meine stummen Fragen
Von mir gegangen bist.
Ich verzeihe mir,
Den Schmerz, den ich dir angetan,
Ich verzeihe. Ich verzeihe.

Jetzt vernehme ich deine Stimme wieder.

Claudine Landgraf

Der Mensch ist Ewigkeit

Ich selbst bin Ewigkeit, wann ich die Zeit verlasse
und mich in Gott und Gott in mich zusammenfasse.

Angelus Silesius

Niemand von uns lebt für sich selbst
und niemand stirbt für sich selbst.
Wenn wir leben, leben wir für den Herrn,
und wenn wir sterben, sterben wir für den Herrn.
Wir gehören dem Herrn im Leben und im Tod.
Denn Christus ist gestorben und wieder lebendig geworden,
um Herr zu sein über alle, Tote wie Lebende.

Aus dem Römerbrief

Meingottvater
ahnst Du
mein samtweiches Verzeihen
an Dich, an mich
zaghaft und mit leisen Tränen
adressiert und verschickt
an den Hängen malträtierter Sehnsucht

aber was soll's

Du weißt schon – denk ich
die Wolfsmutter vertrieben
und das Lamm dazu
ich spiele immerzu
mit toten Schmetterlingen

immerhin

Meingottvater
allmählich entlässt mich
das tägliche Geiergezwitscher
zwischen meinen Rippen
entlassen mich die immerwährenden
trauertragenden Kalkgesichter

immerhin

Meingottvater
nicht irgendein Wortfindungsfestival
leidet mitunter
bin ich ein Fremder
Deiner Sprache
man leidet zuviel
miteinander
aber stirbt nicht

immerhin

lass mich Dich wieder
meine Kinder drängen mich
Farbspektakel in der Grauzone
ich möcht Dich lieben

Amen

RO Willaschek

Ich erwachte heute morgen aus meinen Träumen in das, was wir die Wirklichkeit nennen, in das Tageslicht, unter den Einrichtungsgegenständen meines mir vertrauten Schlafzimmers – kurzum, in das wohl bekannte und oft diskutierte, meines Erachtens jedoch nach wie vor unerklärte Universum.
Und ich, der aus dem ewigen Schweigen kam und allem Anschein nach dorthin unterwegs ist, erhob mich und verbrachte den Tag, wie ich ihn gewöhnlich verbringe. Ich las, kramte in meinen Sachen, jammerte über das Leben und machte mir Bewegung; und pünktlich setzte ich mich nieder, die gekochten Speisen zu verzehren, die in regelmäßigen Abständen vor mir auf dem Tisch erschienen.

Logan Pearsall Smith

Anfrage

an einem Stängel
zittert das Blatt
lose
ein Windhauch nur
gleich wird es fallen
und du
denkst nicht an
deinen Tod?

Inge Ziegenhorn

Bis morgen

»Bis Morgen!«, sagst du und gehst schon.
Erschrockenen Blickes begleite ich dich.
Bis morgen? ... Doch morgen ist so unendlich weit.
Werden sich Stunden zwischen uns legen?
Bis morgen soll unbekannt für mich sein
der launische Schatten deiner Stirn,
die heiße, pulsierende Rede der Hand,
der geheime Fluss deiner Gedanken.
Bis morgen, wärest du durstig, könnte ich nicht deine Quelle sein.
Sollte dich Kälte umhüllen, wäre ich nicht dein Feuer.
Wäre dir dunkel vor Augen – nicht dein Licht.
»Bis morgen!«, sagst du, gehst
und hörst du nicht, dass meine Antwort fehlt.
»Bis zum letzten Tagt« wollte ich, dass du sagst
und bei mir bliebest bis auf ewig.

Blaga Dimitrova

Sieben Uhr am Abend. Ein heißer, arbeitsreicher Julitag geht zu Ende. Ich muss noch unbedingt ins Krankenhaus. Olga S. hat heute Geburtstag. Gestern Abend habe ich ihr fest versprochen, persönlich zu gratulieren.

Olga S. wird 63 Jahre alt. Seit früher Kindheit behindert. Beide Beine sind gelähmt, der rechte Arm amputiert. Rollstuhlfahrerin. Sie lebt seit vielen Jahren in einem Pflegeheim. Sie hat keine Verwandten. Man hat Olga als lernbehindert eingestuft. Ihr einen Vormund gegeben, der 700 Kilometer von ihr entfernt wohnt und ihr pro Jahr ein Päckchen schickt.

Wir lernten uns auf unserem Gemeindefest kennen. Sechs Jahre lang habe ich sie regelmäßig besucht. Wir haben sie öfter zu uns nach Hause geholt. Olga kann sich von Herzen freuen und so fröhlich lachen! Für unsere Familie ist Olga S. nicht behindert. In ihren zwei letzten Lebensjahren musste sie mehrere Male zur Beobachtung ins Krankenhaus. Sie klagte über heftige Magenschmerzen. Trotzdem war sie froh über den Tapetenwechsel. »Wie Urlaub«, gestand sie mir. »Die Schwestern hier sind so nett, und die Ärzte machen auch mal Spaß, und dann lachen wir alle! Das ist schön!«

Seit letzter Woche ging es Olga S. zunehmend schlechter. Weil ich keine Angehörige bin, erhielt ich auch keine genaue Auskunft. Doch alles deutete auf Darmkrebs hin. Unterhalten konnten wir uns nicht mehr so wie sonst. Olga freute sich jedes Mal, wenn ich kam und mich zu ihr setzte. Sie hielt meine Hand ganz fest und lächelte, während ich ihr etwas erzählte. Zwischendurch schlief sie immer wieder ein. Von Tag zu Tag veränderte sich ihr Aussehen.

Vorgestern brachten die Schwestern Olga in ein kleines Einzelzimmer. Ich denke, sie wusste, was das bedeutet. Doch Olga freute sich. »Ich habe noch nie ein Zimmer für mich alleine gehabt, jetzt habe ich es gut!«, flüsterte sie.

Im Krankenhaus angekommen, laufe ich schnell die Treppen in

die zweite Etage hoch. Schwester Grete begegnet mir auf dem Flur. »Frau S. wartet schon ungeduldig auf Sie. Leider hat sich ihr Zustand verschlechtert.« Leise öffne ich die Zimmertür. Olga schläft. Ich packe die Kerze aus, ihr Lebenslicht. Alle Regenbogenfarben sollen ihr noch einmal leuchten. Als ich die Kerze anzünde, schlägt Olga ihre Augen auf. Ich nehme ihre Hand und streichele sie. Leise singe ich ein Geburtstaglied. Olga versucht zu lächeln, es kostet sie viel Kraft. Eine Schwester bringt ein Schmerzmittel und wünscht eine gute Nacht. Mit geschlossenen Augen hört Olga, was ich erzähle und singe. Manchmal drückt sie leicht meine Hand. Dann beten wir. Ich schalte die kleine Lampe ein und verabschiede mich. »Schlafen Sie gut, Olga, morgen komme ich bestimmt wieder.« Ich streichle ihre Wangen. Sie schaut mich kurz an, dann fallen ihr die Augen wieder zu.

Sehr traurig gehe ich zum Parkplatz. Nach zwanzig Minuten bin ich zu Hause. Mein Mann kommt mir entgegen. »Eine Schwester vom Krankenhaus hat gerade angerufen. Frau S. ist ganz ruhig gestorben.«

Schwester Grete sagt mir am anderen Tag: »Frau S. hat noch mit letzter Kraft auf Sie gewartet. Sie wollte sich von Ihnen verabschieden. Nach Ihrem Besuch konnte sie ihr Leben loslassen.«

Almut Fricke

Sie hat eine Geschichte geschrieben mit dem schönen Titel: »Wie ich mir den Himmel vorstelle«. Mit hübschen Details berichtet sie darin, wie sie nach ihrem Tod die Tante, eine nette Nachbarin und andere gute Menschen wieder sieht. Dann fragt sie nach Walburga. Die sei doch im Fegefeuer, erklärt man ihr. Das erfüllt die Erzählerin mit Genugtuung. Am Ende der Story die Auflösung: Walburga war ihre Mutter.

Nun erfahre ich, wie sehr die Mutter sie gedemütigt und verletzt hat. Auch nach langen Jahren konnten diese Wunden nicht verheilen. Und doch frage ich mich: Wenn wir nach dem Tod immer noch nach irdischer Gerechtigkeit verlangen, kann das der Himmel sein?

Georg Schwikart

Menschliches Elende

Was sind wir Menschen doch? Ein Wohnhaus grimmer Schmerzen,
ein Ball des falschen Glücks, ein Irrlicht dieser Zeit,
ein Schauplatz herber Angst, besetzt mit scharfem Leid,
ein bald verschmelzter Schnee und abgebrannte Kerzen.

Dies Leben fleucht davon wie ein Geschwätz und Scherzen.
Die vor uns abgelegt des schwachen Leibes Kleid
und in das Totenbuch der großen Sterblichkeit
längst eingeschrieben sind, sind uns aus Sinn und Herzen.

Gleich wie ein eitel Traum leicht aus der Acht hinfällt
und wie ein Strom verschießt, den keine Macht aufhält,
so muss auch unser Nam, Lob, Ehr und Ruhm verschwinden.

Was jetzt noch Atem holt, muss mit der Luft entfliehn.
Was nach uns kommen wird, wird uns ins Grab nachziehn.
Was sag ich? Wir vergehn wie Rauch von starken Winden!

Andreas Gryphius

Es ist schwierig, im Erstaunen zu leben, wenn man im Gefängnis ist, wenn Maschinengewehre auf einen schießen oder einfach, wenn man Zahnschmerzen hat.
Wir sollten dennoch, solange uns dies möglich ist, in der Verwunderung leben. Der Reichtum der Schöpfung ist unendlich, kein Mensch gleicht dem anderen, keine Unterschrift ist mit einer anderen identisch. Man findet keine zwei Menschen mit den gleichen Fingerabdrücken. Niemand ist jemand anderes als er selbst; auch das kann einen in höchstes Erstaunen versetzen, auch das ist ein Wunder; und Professoren der Naturwissenschaften in Frankreich und Amerika, wo einige Menschen der modernen Wissenschaften den Atheismus hinter sich gelassen haben, sagen dies; Physiker, Mathematiker, Naturwissenschaftler sind es, die zu verstehen glauben, dass die Schöpfung einen Endzweck hat, dass es ein lenkendes Bewusstsein gibt; wenn das Weltall einen Endzweck hat, dann muss aber auch das Individuum einen haben, wir sollten Vertrauen bewahren; aber vielleicht ist die Welt nur ein gewaltiger Streich, den Gott dem Menschen gespielt hat …

Eugène Ionesco

Heute habe ich gelacht, seit so langer Zeit mal wieder.
Und dann geweint: du bist tot, und ich lebe,
du bist tot, und ich lache.
Und dann war mir, als weintest du.
Weil ich nicht mehr lachen kann.

Georg Schwikart

an deinem geburtstag

ich pflücke die blume die blaue für dich
und auch die rote die schöne für dich
ich schenkte dir beides die liebe die treue
und auch die tränen die heißen für dich
ich atme das leben das alles ohne
dich

Barbara Held

Meine Seele benedeie dem Herrn;
All mein Inniges seinen heiligen Namen!
Vergiss nicht aller seiner Wohltat.
Er vergibt dir alle deine Sünden;
Und heilt deine Krankheiten alle.
Erlöst vom Untergang dein Leben;
Krönt dich mit Liebe, mit Barmherzigkeit.
Er schafft Gerechtigkeit, der Ewige!
Gericht den Unrechtleidenden.
Allbarmherzig ist der Herr, allgnädig;
Langmütig und von großer Güte.
Er wird nicht unaufhörlich hadern;
Nicht ewiglich nachtragen seinen Groll.
Er handelt nicht mit uns nach unsern Sünden;
Vergilt uns nicht nach unsrer Missetat.
So hoch der Himmel ist über der Erde,
Waltet seine Liebe über seine Verehrer.
So fern der Morgen ist vom Abend;
Entfernt er unsre Schuld von uns.
Wie Väter ihrer Kinder sich erbarmen,
Erbarmt der Herr sich seiner Verehrer.
Denn er kennet unsre Bildung;
Ist eingedenk, dass wir nur Staub sind.

Aus Psalm 103

Mondnacht

Es war, als hätt der Himmel
Die Erde still geküsst,
Dass sie im Blütenschimmer
Von ihm nun träumen müsst.

Die Luft ging durch die Felder,
Die Ähren wogten sacht,
Es rauschten leis die Wälder,
So sternklar war die Nacht.

Und meine Seele spannte
Weit ihre Flügel aus,
Flog durch die stillen Lande,
Als flöge sie nach Haus.

Joseph von Eichendorff

Ich komm – weiß nit, woher.
Ich geh – weiß nit, wohin.
Mich wundert, dass ich fröhlich bin.

Martinus von Biberach

Ich komm – weiß wohl, woher.
Ich geh – weiß wohl, wohin.
Mich wundert, dass ich traurig bin.

Martin Luther

Die Erinnerung ist das einzige Paradies,
aus dem wir nicht vertrieben werden können.

Chinesische Weisheit

Ein dickes Seil um meinen Körper, eng, sehr eng, lässt mich kaum
Luft holen, tief durchatmen gelingt nicht.
Aber ich lebe. Lebe ohne dich. Lebe auf Sparflamme.
Ich habe überlebt. Dich überlebt. Den tiefen Schmerz,
der mir den Atem nahm, überlebt.

Judith Schwikart

Allein erwache ich; das Bett neben mir: leer.
Du bist nicht mehr da. Seit Monaten schon. Und gerade dadurch scheinst du intensiver gegenwärtig als alle anderen Menschen, die da sind.
Ich genieße dieses Gefühl deiner Nähe. Aber sie hinterlässt eine so schmerzliche Leere. Die kannst du nicht mehr füllen.
Es wird Zeit, dass jeder sein eigenes Zimmer bekommt ...

Georg Schwikart

Der Herr wird denen entgegenkommen, die verstehen, in den Tag hinein zu leben, immer ihre Pflicht tun mit Ruhe, Würde und Geduld, ohne sich den Kopf heiß zu machen wegen der Dinge, die morgen oder in Zukunft geschehen können.

Angelo Roncalli

Ich höre auf zu leben, aber ich habe gelebt.

Johann Wolfgang Goethe

Ein Stück Weg sind wir gegangen.
Mühsam war es, anstrengend – und schön.
Auch wenn wir Pause machen,
haben wir nicht einfach ein Ziel erreicht.
Wir stehen am Abzweig.
Weiter geht es nun, anders als vorher.
So war der Weg nur Zwischenstation.

Georg Schwikart

Trost

Wenn alles eben käme,
Wie du gewollt es hast,
Und Gott dir gar nichts nähme
Und gäb dir keine Last,
Wie wär's da um dein Sterben,
Du Menschenkind, bestellt?
Du müsstest fast verderben,
So lieb wär' dir die Welt!

Nun fällt – eins nach dem andern –
Manch süßes Band dir ab,
Und heiter kannst du wandern
Gen Himmel durch das Grab;
Dein Zagen ist gebrochen
Und deine Seele hofft. –
Dies ward schon oft gesprochen.
Doch spricht man's nie zu oft.

Friedrich de la Motte-Fouqué

Heilung

Schorf über der Wunde

Ich komme langsam wieder auf die Spur,
doch nichts ist mehr, wie es war.
Alles hat sich verändert,
seitdem du gegangen bist.

Ich kann das Leben wieder genießen,
für Stunden und Tage, fast wie früher.
Und dann, von irgendwoher
ein Wort, ein Lied, ein Duft,
in dem du bist.
Ich stürze ab, falle ins Loch,
so, als wärest du erst gestern gestorben.

Ich meine, Licht am Horizont zu sehen,
doch ich glaube ihm nicht.
Das Leben hat mich enttäuscht.
Ohne Vertrauen aber kann ich nicht leben;
ich muss es wieder wagen.

Die Farbe der Erinnerung trügt. So müssen wir sie verloren geben? Denn ich fühle, sie schwindet. Auf ihrem Dorffriedhof liegt sie unter den beiden Sanddornsträuchern, tot neben Toten. Was hat sie da zu suchen?
Ein Meter Erde über sich, dann der mecklenburgische Himmel, die Lerchenschreie im Frühjahr, Sommergewitter, Herbststürme, der Schnee. Sie schwindet. Kein Ohr mehr, Klagen zu hören, kein Auge, Tränen zu sehen, kein Mund, Vorwürfe zu erwidern. Klagen, Tränen, Vorwürfe bleiben nutzlos zurück. Endgültig abgewiesen, suchen wir Trost im Vergessen, das man Erinnerung nennt.
Vor dem Vergessen, beteuern wir aber doch, müsse man sie nicht schützen. Da beginnen die Ausreden: vor dem Vergessenwerden, sollte es heißen. Denn sie selbst, natürlich, vergisst oder hat vergessen, sich, uns, Himmel und Erde, Regen und Schnee.
Ich aber sehe sie noch. Schlimmer: Ich verfüge über sie. Ganz leicht kann ich sie herbeizitieren wie kaum einen Lebenden. Sie bewegt sich, wenn ich will. Mühelos läuft sie vor mir her, ja, das sind ihre langen Schritte, ja, das ist ihr schlenkriger Gang, und da ist, Beweis genug, auch der große rotweiße Ball, dem sie am Strand nachläuft.

Christa Wolf

Ohne Du

irgendwann
irgendwo
im Flug der Zeit.

Ohne dich
Ohne dich

wispernde Stimme
irden
gebrannt
in flackernder Flamme
fallender Nächte
spielt auf
zum Totentanz
die Endlichkeit.

Allein
irgendwann
irgendwo
allein.

all
ein

Auferstehung
aus dem Grab
der Zeit.

Christel Kehl-Kochanek

Wer einen Tag lang gelebt hat, hat ein Jahrhundert gelebt: dieselbe Sonne, dieselbe Erde, dieselbe Welt, dieselben Empfindungen; nichts gleicht dem Heute so sehr wie das Morgen.
Wir sollten begierig darauf sein zu sterben, das heißt, körperlos und reiner Geist zu werden: Doch der Mensch, der sonst so ungeduldig nach Neuem verlangt, kennt gerade in diesem Punkt keine Neugier; unstet von Natur und von allem gelangweilt, wird er des Lebens niemals überdrüssig; er wäre vielleicht bereit, ewig zu leben. Was er vom Tode sieht, berührt ihn heftiger, als was er davon weiß: Krankheit, Schmerz und Leichnam nehmen ihm die Lust an der Erkenntnis des Jenseits. Es bedarf des ganzen Ernsten der Religion, ihn umzustimmen.

Jean de la Bruyère

Die sich gefunden
sind sich verbunden
immer schon geblieben

denn Zeit und Raum
trennen doch kaum
jene, die sich lieben

Georg Schwikart

Der schönste Stein

Er wird mir mein Leben lang fehlen,
der schönste Stein in meinem Mosaik.
Ich aber werde nichts restaurieren,
es war unser gemeinsames Kunstwerk.

Ich lege keine anderen Steine
in die Lücken, die er hinterließ.
Im Sonnenlicht schimmert's nun anders;
das Funkeln nehme ich wahr.

Judith Schwikart

Mein liebes Kind, Ade!
Ich konnt' Ade nicht sagen
Als sie dich fortgetragen,
Vor tiefem, tiefem Weh.

Jetzt auf lichtgrünem Plan
Stehst du im Myrtenkranze
Und lächelst aus dem Glanze
Mich still voll Mitleid an.

Und Jahre nah'n und geh'n,
Wie bald bin ich verstoben
O bitt' für mich da droben,
Dass wir uns wiedersehn!

Joseph von Eichendorff

Selig sind, die da geistlich arm sind;
denn das Himmelreich ist ihrer.
Selig sind, die da Leid tragen;
denn sie sollen getröstet werden.
Selig sind die Sanftmütigen;
denn sie werden das Erdreich besitzen.
Selig sind, die da hungert und dürstet nach der Gerechtigkeit;
denn sie sollen satt werden.
Selig sind die Barmherzigen;
denn sie werden Barmherzigkeit erlangen.
Selig sind, die reinen Herzens sind;
denn sie werden Gott schauen.
Selig sind die Friedfertigen;
denn sie werden Gottes Kinder heißen.
Selig sind, die um Gerechtigkeit willen verfolgt werden;
denn das Himmelreich ist ihrer.

Aus dem Matthäusevangelium

So nimm denn meine Hände und führe mich
bis an mein selig Ende und ewiglich.
Ich mag allein nicht gehen, nicht einen Schritt:
wo du wirst gehen und stehen, da nimm mich mit.

In dein Erbarmen hülle mein schwaches Herz
und mach es gänzlich stille in Freud und Schmerz.
Lass ruhn zu deinen Füßen dein armes Kind:
es will die Augen schließen und glauben blind.

Wenn ich auch gleich nichts fühle von deiner Macht,
du führst mich doch zum Ziele auch durch die Nacht:
so nimm denn meine Hände und führe mich
bis an mein selig Ende und ewiglich!

Julie Hausmann

Briefe an die Freundin

Liebe Lene!
Ich habe ein paar Wochen schon nicht mehr geschrieben, das tut mir Leid. Aber nach Steffens Tod bin ich verstummt. Mein Kind ist tot: Ich kann an nichts anderes denken.
Mit Hilfe guter Menschen konnte ich so eben das Überleben für die Familie organisieren. Hartmut geht wie gewohnt arbeiten, ist aber noch stiller als sonst. Er geht kaum noch aus dem Haus. Wir beide können nicht über Steffen sprechen.
Jonas und Barbara leben wieder ein ganz »normales« Leben. Sie gehen zur Schule, nachmittags zum Sport oder in den Klavierunterricht. Aber abends, wenn ich ihnen einen Gute-Nacht-Kuss gebe, dann sehe ich Tränen in ihren Augen. Ja, auch ich fange jetzt wieder an zu weinen. Es ist schrecklich.
Ich breche hier ab.
Claudia

Liebe Claudia,
jeden Tag denke ich an dich, an Hartmut und die Kinder! Der Tod deines geliebten Steffen hat uns alle schwer getroffen.
Du stehst immer noch wie unter Schock. Zurzeit ist das Überleben, das Weiterleben wirklich das Wichtigste. Bitte, sage mir gleich Bescheid, wenn ich dir irgendwie helfen kann.
Ich trauere mit dir, liebe Freundin!
Deine Lene

Liebe Lene!
Hab Dank für deinen Brief. Er hat mir gut getan, weil er mir meine Trauer ließ. Ich bekomme auch Post von Leuten, die immer nur von Hoffnung und ewigem Leben schreiben. Das kann ich gar nicht hören!
Ich gehe jeden Tag zum Friedhof. Vor ein paar Tagen sind die Kränze und Gestecke vom Grab genommen worden. Sie waren längst verwelkt. Jetzt sieht das Grab aus wie alle anderen. Der Tod ist normal geworden.
Nein, für mich ist Steffens Tod nicht normal geworden. Nein, nein, nein! Lene, ich komme nicht darüber hinweg. Ich verzweifle. Warum dieses blonde Kind, dieses blühende Leben? – Die Kinder kommen gerade heim und ich mache schnell Schluss.
Claudia

Liebe Claudia,
niemand wird dir sagen können, warum dein geliebter Sohn in so jungen Jahren gestorben ist. Hüte dich vor allen Leuten, die dir dafür Erklärungen anbieten oder billigen Trost. Aber das muss nicht heißen, dass es gar keinen Trost geben kann. Steffens Tod wird nie »normal« werden. Aber der Tod an sich, der ist es: Leben heißt Werden und Vergehen. Jeder muss sterben. Warum eigentlich »muss«? Ich weiß, auch du glaubst an die Auferstehung. Ich weiß auch, momentan schöpfst du daraus keine Hoffnung.
Ach, liebe Claudia, ich will dir nichts predigen. Doch ich möchte dich ermuntern, auch das Leben wahrzunehmen. Jonas und Barbara leben – auch »blühendes Leben«, wie du so schön schreibst.
Und du lebst, Hartmut lebt. Lebe dieses Leben! Ich wünsche dir neuen Mut!
Deine Lene

Liebe Lene!
Deinen letzten Brief habe ich wieder etwas länger liegen lassen, er war ein bisschen fromm, und darauf reagiere ich zurzeit allergisch. Seit Steffens Beerdigung war ich nicht mehr in der Kirche. Aber wenn ich am Grab stehe, kommt mir immer dieses verdammte Lied in den Sinn: »Wir sind nur Gast auf Erden...« Manchmal denke ich dann, mir langt's, ich reise ab.
Steffen hatte noch alles vor sich, alles. Das sind so unendlich viele verlorene Chancen. Sein Leben war noch nicht erfüllt.
Das Leben leben – das klingt schön. Aber denkst du, ich habe Lust, jetzt irgendwas zu machen? Jetzt ist bald Ostern. Glaubst Du, ich will Ostereier färben oder Häschen basteln? Das Halleluja ist gestrichen!
Claudia

Liebe Claudia,
heute kam dein Brief und ich muss dir umgehend antworten.
Du weißt doch, dass ich mit dir leide. Auch ich bin gefangen in der Trauer um den von uns allen geliebten Steffen. So gehe ich auf Ostern zu. Davor liegt der trostlose Karfreitag. Aber da gibt es eben auch Ostern. Vergiss das nicht, bitte.
Ostern, das ist doch der uralte Traum, dass das Leben mit dem Tod nicht wirklich zu Ende ist, dass irgendetwas bleibt, dass es irgendwie, irgendwo weitergeht. Ich träume diesen Traum. Ich kann daran glauben. Ich glaube, Steffens Leben wird von Gott erfüllt.
Erinnerst du dich noch an die Ansprache bei eurer Hochzeit? Da war vom Leben in Fülle die Rede. Ich glaube, dass Steffen lebt.
Ich weiß nicht, wie du mit diesem Brief jetzt umgehst. Ich vertraue auf unsere alte Freundschaft.

Du wirst meine Haltung stehen lassen, auch wenn du sie nicht teilen kannst.
Und ein Letztes noch. Bitte, verwehre Jonas und Barbara nicht die Ostertraditionen. Der Verlust ihres Bruders ist so schlimm, sie sollen nicht noch den Rahmen ihres eignen Lebens verlieren.
Deine Lene

Liebe Lene!
Deinen letzten Brief, der am Gründonnerstag kam, habe ich damals wütend zerknüllt. Am Karfreitag war ich nicht in der Kirche. Ich saß zu Hause und dachte: Der Tod hat gewonnen. Er hat sich Jesus geholt, er hat sich Steffen geholt. Und während Lene jetzt in der Kirche sitzt und für uns betet, wird er sich Menschen holen. Jeder Tag ist Karfreitag. Wir werden von jetzt an den Karfreitag immer anders erleben als vorher.
Ostern sind wir dann zu meinen Schwiegereltern gefahren, das war wohl die beste Lösung, auch für die Kinder, denn die Oma hatte an alles gedacht: Hasen, Lämmchen, Eier.
Aber es war trotzdem ein trauriges Fest, noch trauriger als der Karfreitag. Da »durfte« ich wenigstens ernst und traurig sein. Aber über Ostern konnte ich mich nicht freuen.
Ich träume jede Nacht von Steffen.
Claudia

Liebe Claudia,
deine Gefühle tiefer Traurigkeit kann ich verstehen.
Ich habe lange überlegt, ob ich dir von meinen Gefühlen schreiben soll.
Am Karfreitag habe ich echt gelitten. Aber an Ostern konnte ich - lächeln! In der Kirche wurde das Taizé-Halleluja gesungen.
Erst blieb ich stumm, doch dann konnte ich einstimmen, obwohl ich die ganze Zeit an Steffen denken musste. Oder: gerade weil ich an ihn dachte. Er liebte dieses Lied doch so.
Es war wie eine Nachricht von einem lieben Menschen, auf die ich sorgenvoll gewartet hatte. In der Osternacht erreichte sie mich, wie sie mich vorher noch nie erreicht hatte.
Ich weiß nicht, ob du ebenso hättest empfinden können. Aber ich wünschte mir in diesem Augenblick so sehr, du wärst dabei gewesen.
Deine Lene

Liebe Lene!
Mittlerweile ist es Mai geworden und es blüht überall.
Mit Jonas und Barbara habe ich Steffens Grab mit vielen bunten Blumen bepflanzt. Selbst Hartmut hat geholfen. Irgendwann hat Jonas dann zu singen angefangen: das Halleluja von Taizé! Ich habe geheult, aber ich habe mitgesungen.
Ja, Steffen ist einen Weg gegangen, der uns noch bevorsteht. Ich will vertrauen, er ist angekommen. Meine Hoffnung ist zerbrechlich. Aber woran soll ich mich sonst festhalten?
Jetzt planen wir unseren Urlaub. Die Kinder wollen nach Italien, Hartmut nach Dänemark und ich in die Berge. Das kann noch was geben.
Es grüßt dich deine wieder auferstehende
Claudia

Georg Schwikart

Trost

Ja, mein Glück, das lang gewohnte,
Endlich hat es mich verlassen!
– Ja, die liebsten Freunde seh ich
Achselzuckend von mir weichen,
Und die gnadenreichen Götter,
Die am besten Hülfe wüssten,
Kehren höhnisch mir den Rücken.
Was beginnen? Werd ich etwa,
Meinen Lebenstag verwünschend,
Rasch nach Gift und Messer greifen?
Das sei ferne! Vielmehr muss man
Stille sich im Herzen fassen.

Und ich sprach zu meinem Herzen:
Lass uns fest zusammenhalten!
Denn wir kennen uns einander,
Wie ihr Nest die Schwalbe kennet,
Wie die Zither kennt den Sänger,
Wie sich Schwert und Schild erkennen,
Schild und Schwert einander lieben.
Solch ein Paar, wer scheidet es?

Als ich dieses Wort gesprochen,
Hüpfte mir das Herz im Busen,
Das noch erst geweinet hatte.

Eduard Mörike

Dem Tod kann man ebenso wenig fest in die Augen schauen
wie der Sonne.

François Duc de la Rochefoucauld

Wie es mir geht? Es geht. Muss ja. Irgendwie geht's.
Doch unter dem Schorf ist die Wunde noch blutig.
Manchmal kratze ich daran.

Georg Schwikart

Nur wenige Menschen sind wirklich lebendig.
Und die, die es sind, die sterben nie.
Nur wenige Menschen lieben wirklich.
Und die, die es tun, die vergisst man nie.

Ernest Hemingway

Weißt du denn nicht, wie das ist, wenn du in den Himmel kommst? Im Himmel, da reden die über nichts anderes als über das Meer und darüber, wie wunderschön es ist. Sie reden über den Sonnenuntergang, den sie gesehen haben, sie reden darüber, wie die Sonne blutrot wurde, bevor sie ins Meer eintauchte, und sie reden darüber, wie sie spüren konnten, wie die Sonne ihre Kraft verlor und die Kühle vom Meer heraufzog und die Sonne nur noch in ihrem Innern glühte.

Thomas Jahn

Weitergehen, Tag für Tag.
Weiterglauben, Tag für Tag.
Weiterzweifeln, Tag für Tag.
Weiterhoffen, Tag für Tag.
Weiterkämpfen, Tag für Tag.

Weitertrauern, Tag für Tag,
weiter, immer weiter,
bis du wieder ankommst
im Heute.

Georg Schwikart

Ein Ast vom Christbaum

Seit vielen Jahren begleite ich Gruppen von trauernden Müttern und Vätern. Die unterschiedlichsten Themen sind an diesen Gruppenabenden wichtig. Es kann über alles gesprochen werden, was die trauernden Eltern bewegt.
Besonders schwierig ist die Zeit im Advent und der Heilige Abend. Die trauernden Eltern tauschen aus, wie sie es schaffen, diese für sie so schwierige Zeit zu überstehen, welche Rituale sie für sich gefunden haben ...
Eine Familie erzählte, sie hätte von einer trauernden Familie gelesen, die jedes Jahr zu Weihnachten den schönsten Ast ihres Christbaumes abschnitt.
Das tat auch diese Familie. Sie schnitten einen Ast vom Christbaum ab, der deutlich fehlte, der vermisst wurde. Diesen Ast schmückten sie wie den Baum daheim und brachten ihn zum Friedhof, zum Grab ihres Sohnes. So stellten sie eine heilsame Verbindung her: Am Christbaum fehlte ein Zweig, der nun am Grab des Sohnes lag. Dadurch wird der Verlust, aber auch die Verbundenheit zum Verstorbenen deutlich. Ein heilsames Zeichen!

Christine Fleck-Bohaumilitzky

Diese Welt verstehen? Das überfordert
Alles Grübeln hilft nicht, Gott zu finden
Fragen drücken nieder
Glaube und Gebot wollen helfen, im Chaos nicht unterzugehen
Doch ohne eingehauchtes Leben ist Religion eine Last

Vielleicht müssen wir nur den anderen Blick erlernen,
der befähigt, im Hier und Jetzt
Seine Spuren zu erkennen,
im Erinnern jene Bilder des Heils zu schauen,
das uns für das Heute verheißen ist

Ausruhen dürfen wir wohl, doch heißt es
bereit sein und aufbrechen –
die Gewohnheit, die Trägheit,
die trügerische Gewissheit, alles schon zu wissen

Vertrauen schenken ist nicht leicht
Doch wer die zärtlichen Hände spüren will,
die sich wie ein Tor zu einer anderen Welt über uns breiten,
kommt daran nicht vorbei

Georg Schwikart

Ja zu Gott: ja zum Schicksal und ja zu dir selbst.
Wenn das Wirklichkeit wird, dann mag die Seele verwundet werden,
aber sie hat die Kraft, zu genesen.

Dag Hammarskjöld

Jedes Sprichwort,
jedes Buch,
jedes kleine Wörtchen,
das dir zu Hilfe und Trost bestimmt ist,
wird auf geraden
oder verschlungenen Wegen
zu dir gelangen.

Ralph Waldo Emerson

Aufbruch

Schritte in die Zukunft

Du bist nicht mehr da.
Und bist doch da,
in tausend Dingen,
in der Tiefe meines Herzens,
unauslöschlich,
eng verwoben mit meiner Existenz.

Es geht weiter: Mit dir in mir.
Weniger oft schaue ich zurück,
wende mich nach vorn.

Ich fürchte mich vor dem neuen Leben,
einem Leben ohne dich.
Ich bin nicht mehr so oft traurig
wie noch vor Monaten und Wochen.
Doch wenn die Trauer anklopft,
lasse ich sie ein.

Was kommen mag?
Du machst mir Mut:
Ich werde es schaffen.
Ich spüre neue Kraft in mir.

Gelöst hat sich der eiserne Ring, den ich um mein Herz legte, als du von mir gingst. In kleinen Schritten befreite ich mich aus dem dunklen Verließ, in das ich mich einschloss, weil ich glaubte, ohne dich nicht leben zu können.
Endlich lasse ich die Trauer zu und verstecke mich nicht mehr vor fragenden Blicken und tröstenden Worten hinter einer Wand von Selbstmitleid. Es war das Kind, das aussprach, was andere nicht wagten: »Oma, ich bin nicht mehr gerne bei dir, weil du jetzt immer so traurig bist und nur schwarze Sachen trägst.« Da wurde mir bewusst, dass ich einen falschen Weg ging, einen Weg, der mich trennte von den Menschen, die ich liebe.
Als deine Kraft langsam erlosch und wir Abschied voneinander nahmen, versprach ich dir, nicht zu verzweifeln, sondern dankbar zu sein für die vielen glücklichen Jahre. In der Erinnerung an einen wunderbaren Menschen, von dem ich das große Geschenk der Liebe empfangen durfte, finde ich endlich den Weg zurück ins Leben.

Rosemarie Pfirschke

Wo wahre Liebe und Weisheit ist,
da ist nicht Furcht noch Unwissenheit.
Wo die Stille mit dem Gedenken Gottes ist,
da ist nicht Unruhe noch Zerfahrenheit.
Wo die Barmherzigkeit und Klugheit ist,
da ist nicht Verschwendung noch Täuschung.

Franz von Assisi

Wenn der Kirschbaum blüht

Wenn der Kirschbaum blüht
wenn die Lerche anhebt
in den Himmel hinauf zu singen
wenn der Waldboden geöffnet
im weißen Hochzeitsgewand
und die Wiese daliegt
im duftenden Sternenauge
dann ist es Zeit.
Streif den Sand ab
lass die Schatten als
Mantel von den Schultern fallen
und steh auf.
Die Trauer hockt
verstört hinter den Felsen
der Tod hat die Fiedel verloren
und stiehlt sich davon.
Halte dich deinen Träumen bereit
schon duftet der Rosenlorbeer
voller Blüten zartblau
zärtlich vom Nachtwind gewiegt
verbirg dich in seinen Zweigen
bis der Tag heraufzieht.
Er kommt gewiss.

Benita Glage

Nach dem Tod ins neue Leben

Wie dumm von mir, mich ins Bett zu legen. Ich bin krank, Angst macht krank. Den Tod der Mutter will ich nicht zulassen.
Die Beisetzung bringt eine Erfahrung: in mir eine Gewissheit, es gibt eine Ankunft in einer anderen Dimension. Das Lied in mir, es klingt immer noch nach.
Trauer, verdrängt durch Krankheit und Leid in der Familie, in eine Schublade gepackt, Schublade, Maria-Gedächtnis-Schublade genannt, den Familienmitgliedern bekannt. Nach zwanzig Jahren nun war ich bereit, genau hinzuschauen, und so habe ich mich von vielem Ballast getrennt.
Trauerarbeit nach zwanzig Jahren, nicht zu fassen, aber es ist wahr, ich wollte all die Jahre nicht mit der Tatsache leben, dass meine Mutter nicht mehr unter uns lebt. Obwohl ich durch meinen Glauben und die Erfahrung in meinem Herzen genau wusste, dass der Tod eine Geburt in ein neues Leben, ein Leben in Gottes Nähe ist.
Die Erkenntnis: jeder Tod eine Geburt, der erste Schritt in die Zukunft, dort werden wir uns wieder sehen. Eine stille Freude erfüllt mich jetzt, eine Dankbarkeit, wenn ich an Mutter Mary denke, 154 Zentimeter groß, für mich ist und bleibt sie eine »große Dame«!
Mein Weg in die Zukunft ist frei, die Liebe bleibt.

Rosemarie Hochschuh

Lebe!
Mach das Heute zum Fest!
Mit diesem Fest
beginnt der Rest,
den dir dein Dasein
noch übrig lässt
an Stunden zum Leben

Georg Schwikart

Die Toten sagen mir noch etwas anderes: Was ich gekonnt habe, das wirst du auch können – sterben. Es ist eine schwere Arbeit, das Leben loszulassen, aber keine unmögliche.

Sie vermindern meine Angst, die Toten. Und manchmal denke ich, die Toten wärmen uns. Vielleicht nimmt die Kälte in unserem Land auch deswegen zu, weil die Toten keine Stelle mehr haben und wir sie aus Angst vor dem eigenen Sterben aus dem Gedächtnis verbannen.

Zur Humanität gehört die Erinnerung, genauso wie der Blick auf die, die nach uns kommen. Man kann den Menschen geradezu definieren als das Wesen, das die Namen seiner Großeltern weiß und für die Enkelkinder vorsorgt.

Es gibt eine skrupellose Heutigkeit, die mit dem Vergessen der Toten zusammenhängt und ihre gnadenlosen Folgen für alle später Geborenen bereithält. Ohne Erinnerung sein heißt keine Zukunft brauchen.

Dorothee Sölle

Die Toten sind nicht tot, schon deshalb nicht, weil wir leben. Die Toten denken, sprechen und handeln; sie können raten, wollen, billigen und tadeln; alles das ist wahr, man muss es nur richtig verstehen. Alles das ist in uns.

Wir können die Toten also gar nicht vergessen, werden sie sagen; dementsprechend unnütz, an sie zu denken; an sich selbst denken heißt immer auch an sie denken. Ganz recht; aber es kommt nur selten vor, dass man wirklich und ernsthaft an sich selbst denkt.

Wir sind zu schwach und zu unbeständig in unseren eigenen Augen; wir sind uns selbst zu nahe; es ist nicht leicht, sich selbst aus einer Perspektive zu betrachten, die die Proportionen wahrt. Welcher Liebhaber der Gerechtigkeit zum Beispiel, der ständig an die Gerechtigkeit dächte? Die Toten sehen wir umgekehrt ihrer Wahrheit gemäß, da uns die Pietät das Kleinliche vergessen lässt; und ihre Macht zu raten, die eine der wichtigsten menschlichen Wohltaten ist, kommt daher, dass sie nicht mehr da sind; denn da sein heißt den Stößen der Welt antworten und mehr als einmal am Tag dem untreu werden, was man sich vorgenommen hat zu sein.

Darum ist es durchaus sinnvoll, sich zu fragen, was die Toten wollen. Und hören sie gut hin: die Toten wollen leben; sie wollen leben in ihnen; sie wollen, dass ihr Leben das, was sie gewollt haben, weiterentwickelt. So weisen uns die Gräber auf das Leben zurück.

Unser Gedanke überspringt den bevorstehenden Winter bis zum nächsten Frühjahr und zu den ersten Blättern. Ich habe gestern einen Fliederstrauch betrachtet, der seine Blätter verlor, und ich habe Knospen daran gesehen.

Alain

Genügsamkeit

Über den Sternen throne ich,
weil mir deine Gaben genügen.
Ich freu‘ mich am süßen Ton der Pauken,
da ich auf dich vertraue.

Ich küsse die Sonne, umarme den Mond
und halte ihn fest; mir genügt,
was sie für mich ersprießen lassen.
Was sollte ich mehr noch wünschen,
dessen ich gar nicht bedarf?

Alles erweist mir Barmherzigkeit.
Im Haus meines Königs darf ich wohnen,
sitzen beim königlichen Mahl,
weil eine Königstochter ich bin.

Hildegard von Bingen

Wenn du mich heimsuchen wirst,
Mutter Gott, Vater Gott,
mich,
den einen,
der ich heißt;

dies Flackern der Sprache.

Wenn du mich heimsuchen wirst
in der gemäßen Stunde,
mich,
den einen,
der ich heißt.

Ich sage es jetzt,
media in vitae,
mitten am Tag: Du wirst mir willkommen sein.

Du wirst mir willkommen sein:

Ob in der Nacht oder am Tag.
Ob du mich anfällst oder wegfegst,
ob du mich hebst oder zudeckst,
ob du mich fesselst oder umfängst.

Du wirst mir willkommen sein
Tod Gott
Gott Tod.

Heiliger Starker,
Heiliger Unendlicher,
Heiliger Lebendiger,
Außerhalb – Wort.

Ob ich zerschreien
oder verstummen werde,
ob verzitternd oder erstarrt.

Tod Gott
Gott Tod: Du wirst mir willkommen sein.

Josef Fink

Ja, Tante Agnes! Sie ist das, was man gemeinhin einen guten Menschen nennt. Sie hat wirklich ein freundliches Wesen, trällert im Haus ein Liedchen, gibt den Kindern Kuchen oder Bonbons, pflegt ihren Mann und ihre Blumen, hilft, wo sie kann und hört sich geduldig den Kummer der Nachbarinnen an.
Ich bin immer gern bei Tante Agnes zu Gast gewesen, als junger Erwachsener wohl öfter als ihre eigenen Kinder. Für mich kochte sie starken Kaffee, kramte irgendwoher Plätzchen oder Schokolade hervor. Und dann redeten wir, Stunde um Stunde, über Gott und die Welt. Wobei Tante Agnes das erste Thema bevorzugte.
Sie war christlich erzogen worden und glaubte immer an Gott, doch erst im Alter wurde sie richtig fromm. Aber bei ihr machte mir das nichts aus. Ich konnte mit den Bibelverschen umgehen, ließ mich von betulichen Weisheiten nicht abschrecken. So war sie eben, Tante Agnes, ihr konnte man das nicht übel nehmen. Ich mochte sie sehr.

Rätselhaft blieb mir all die Zeit ihr Abstraktionsvermögen. Sie hatte ihre Sicht der Dinge und ließ sie sich durch nichts umstürzen. Dabei nahm sie gewisse Ungereimtheiten sehr wohl wahr. Aber eben auch in Kauf.

Mehrmals erzählte sie die Geschichte aus dem Krieg: In einer der vielen Bombennächte war die ganze Straße im Luftschutzkeller. Sie war noch ein Kind. Nach der Entwarnung stürmten alle nach oben, raus an die Luft. Oh Schreck: Die Wohnung der Nachbarin war zwar unbeschädigt geblieben, doch die ihrer eigenen Familie total zerstört. Die Grenze der Vernichtung war manchmal scharf gezogen.

»Wir weinten still«, erzählte sie dann, ohne Sentimentalität. »Aber als die Nachbarin sagte: Ja, ich habe ja auch gebetet! – da wurde ich wütend! Wir alle hatten gebetet!«

Schon als Kind durfte sie erkennen, was einst ein Problem der Geistesgeschichte war. Das Buch Hiob will genau darauf hinweisen: Es gibt keinen Zusammenhang zwischen Tun und Ergehen. Doch den Transfer, dass es keinen Zusammenhang zwischen Beten und Ergehen gibt, den akzeptierte sie nicht. Nie übrigens.

Manchmal wagte ich, Auschwitz zu thematisieren: »Was meinst du, Tante Agnes, die Juden haben doch auch gebetet, die kleinen Kinder, als sie ihren Tod nahen sahen. Warum hat Gott nicht eingegriffen?«

»Ich weiß es nicht!« – Was sollte sie auch sagen.

Dann starb ihr Sohn. Wir alle waren tief traurig. Eines Menschen Tod ist in der Regel – wenn er geliebt wurde – eine schlimme Sache für die Hinterbliebenen. Aber wenn Eltern den Tod eines ihrer Kinder erleben, ersterben müssen, dann hat das noch eine ganz andere Qualität des Grauens.

Wir saßen in der Kirche und sangen all die Lieder, die wir bei jeder Trauerfeier sangen. Die gleichen Lieder für Greise und Jugendliche, für geliebte und ungeliebte Menschen. »Im Tod sind alle gleich«, sagte der Pfarrer. Tante Agnes' Gesicht blieb unbewegt.

Erst nahm sie viel ab, dann allmählich alles wieder zu. Später wurde sie wieder die fröhliche Frau, die sie immergewesen war. Wenn das Gespräch auf ihren Sohn kam, sprach sie von Auferstehung, die Augen glänzten, und Tränen rannen über ihr Gesicht.
Gern und viel habe ich mit Tante Agnes gesprochen. Wir konnten ernste Dinge diskutieren, auch lachen und Spaß machen. Doch manche Themen kamen nie zur Sprache, leider. Ob sie denn meine, Gott strafe die Menschen oder prüfe sie mit dem Leid. (Wobei man gerechterweise zwischen einem Vulkanausbruch, einer Hungerkatastrophe, einer Fehlgeburt, einem Autounfall und einem Hausbrand zu unterscheiden hat.) Möglicherweise wäre von ihr das Argument der menschlichen Freiheit ins Spiel gebracht worden. Freiheit? »Sollte es sie geben, ist der Mensch mit ihr überfordert! Es bleibt ein metaphysisches Restrisiko!«, hätte ich gekontert.
Wir sprachen wohl nicht über all das, weil ich mich vor den Katechismusantworten fürchtete. Sie hätten mich wütend gemacht. Aber zugeben muss ich: Tante Agnes schien mir glücklicher zu sein als ich. Das gibt mir zu denken.

Georg Schwikart

Hier auf dem Zionsberg wird es geschehen: Der Herr, der Herrscher der Welt, wird für alle Völker ein Festmahl geben mit feinsten Speisen und besten Weinen, mit kräftigen, köstlichen Speisen und alten, geläuterten Weinen. Hier wird er den Trauerflor zerreißen, der allen Völkern das Gesicht verhüllt; er wird das Leichentuch entfernen, das über den Nationen liegt. Den Tod wird er für immer vernichten und von jedem Gesicht die Tränen abwischen. Dann nimmt er die Schande von seinem Volk, unter der es überall gelitten hat. Der Herr, der mächtige Gott, hat es versprochen! An jenem Tag wird man sagen: »Er, der Herr, ist unser Gott! Auf ihn hatten wir unsere Hoffnung gesetzt, und er hat uns die Rettung gebracht; wir haben nicht vergeblich gehofft. Nun können wir voll Freude singen, weil er unser Retter ist!«

Aus dem Propheten Jesaja

Wie wundervoll sind diese Wesen,
Die, was nicht deutbar, dennoch deuten,
Was nie geschrieben wurde, lesen,
Verworrenes beherrschend binden
Und Wege noch im Ewig-Dunkeln finden.

Hugo von Hofmannsthal

Du fragst: was ist
das Leben? Das ist, als
wollte man fragen: was
ist eine Mohrrübe?
Eine Mohrrübe ist eine
Mohrrübe, mehr ist
darüber nicht zu
sagen.

Anton Tschechow

Laufe nicht der Vergangenheit nach, verliere dich nicht in der Zukunft. Die Vergangenheit ist nicht mehr. Die Zukunft ist noch nicht gekommen. Das Leben ist hier und jetzt.

Buddha

Wehe, wohin sind alle meine Jahre entschwunden!
Habe ich mein Leben geträumt oder ist es wirklich gewesen? Wovon ich immer glaubte, es wäre, war das alles Wirklichkeit? Demnach habe ich geschlafen und weiß es nicht einmal.
Nun bin ich erwacht, und alles, was mir einst wie meine Hand vertraut war, kenne ich nicht mehr. Die Menschen und das Land, in dem ich als Kind erzogen worden bin, die sind mir fremd geworden, gerade als sei es nicht wahr gewesen. Die meine Gespielen waren, die sind nun träge und alt. Umbrochen ist das Feld, gerodet ist der Wald. Flösse nicht das Wasser, wie es ehdem geflossen, fürwahr, ich möchte glauben, mein Leid würde wahrlich groß.
Mancher grüßt mich lässig, der mich früher gut kannte. Überall ist die Welt voller Mühen und Plagen. Wenn ich an so manche herrlichen Tage zurückdenke, die mir entglitten sind wie ein Schlag ins Meer, immerdar: o weh! ...
Das bekümmert mich tief, lebten wir früher doch so glücklich, dass ich jetzt mein Lachen mit Weinen vertauschen muss. Sogar die Vögel in der Wildnis trauern um uns.
Ist es da ein Wunder, wenn ich mich nicht mehr freuen kann? Aber ach, was rede ich Narr schon in meiner Erregung? Wer irdischem Glück nachjagt, der hat das himmlische verloren, immerdar: o weh!

Walther von der Vogelweide

Ich weiß, dass es in den Büschen Dornen gibt. Das hält mich aber nicht ab, immer wieder mit den Händen darin herumzuwühlen und Blumen zu finden. Wenn auch nicht alle schön sind, so sind doch alle bemerkenswert …
Und wenn man es nicht so nimmt, das Leben, dann kann man es überhaupt nirgends anpacken, und wie soll man es dann ertragen können?
Ich finde es amüsant und interessant, und da ich alles gelten lasse, bin ich umso glücklicher und begeisterter, wenn ich das Gute und das Schöne antreffe.

George Sand

Hoffnung besiegt
die Wirklichkeit:
Immer noch
singen manche
Halleluja.

Georg Schwikart

Jetzt wurde die Haustür weit aufgemacht, und ein Leichenzug kam aus dem Hause heraus. August Där Nol ging voraus mit dem Trauerstab in der Hand, und hinter ihm kamen die Träger mit dem Sarg. Dann schlossen sich diesem Zug alle die Menschen an, die bisher vor der Kirche gestanden und gewartet hatten. Um dieses Toten willen waren sie also hierher gekommen.

Der Sarg wurde bis vors Gemeindehaus getragen und rechts von dem anderen aufgebahrt, der schon da war. August Där Nol rückte die Böcke zurecht, damit die beiden Särge dicht nebeneinander zu stehen kamen.

Der Sarg, der jetzt niedergestellt wurde, war nicht so neu und glänzend wie der Katrines. Er sah aus, als hätten ihn schon vor diesem Tag viele Regenschauer überflutet. Er war auch unachtsam behandelt worden, wodurch er Schrammen bekommen hatte und an den Kanten abgestoßen war.

Fast war es, als komme ein und derselbe tiefe Atemzug der Erleichterung aus der Brust all der Leute, die aus Askedalarna hier versammelt waren, denn jetzt fingen sie an zu verstehen. In diesem Sarg lag nicht ein Verwandter von August Där Nol. Alle die Leute, die hier vor der Kirche versammelt waren, hatten sich nicht in das Regenwetter hinaus begeben, um etwas Merkwürdiges zu sehen. O nein, sie wollten nur hier dabei sein, wo zwei alte Eheleute wieder vereinigt wurden.

Jetzt flogen aller Blicke zu Klara Gulla hinüber, um zu sehen, ob auch sie begriff, was hier vorging. Und man sah ihr wohl an, dass es so war. Sie hatte die ganze Zeit über bleich und verweint neben dem Sarg ihrer Mutter gestanden; aber als sie den andern Sarg, der aus Där Nol heraus getragen wurde, erkannte, drückte ihr Gesicht eine fast überwältigend frohe Erwartung aus, wie dies wohl geschieht, wenn jemand das vor sich sieht, worum er sich lange bemüht hat.

Aber sie beruhigte sich rasch wieder. Ein trauriges Lächeln machte der frohen Erwartung Platz, und sie strich nur sachte ein paarmal über den Sarg der Mutter hin.
»Jetzt geht es dir so gut, wie du es dir nicht besser hättest wünschen können«, schien sie zu der toten Mutter sagen zu wollen.
August Där Nol trat zu Klara Gulla und reichte ihr die Hand.
»Ihr habt doch wohl nichts dagegen, dass wir es auf diese Weise eingerichtet haben?« sagte er. »Er ist erst am letzten Freitag gefunden worden, und ich dachte, es werde auf diese Weise leichter für Euch sein, Klara Gulla.«
Klara Gulla antwortete nur mit ein paar Worten, aber ihre Lippen zitterten dabei so heftig, dass er kaum verstehen konnte, was sie sagte. »Ich dank' Euch. Es ist gut so. Ich weiß, er kommt nicht zu mir, sondern zur Mutter.«
»Er kommt zu euch beiden, Klara Gulla, Ihr werdet es schon sehen«, erwiderte August Där Nol.

Selma Lagerlöf

Liebe und Glaube

Stege der Liebe
tragen uns
über schwankende Sümpfe

Arme des Glaubens
versetzen
düstere Berge

Liebe
und Glaube
leuchten der Zukunft

Eila Kratz

Lasst mich allein mit dem Tag.
Gebt mir Urlaub, dass ich geboren werde.

Pablo Neruda

Das dickste Buch hat eine letzte Seite.
Im Kino reißt das Licht dich aus dem Traum.
Mal hast du Geld, am Ende bist du pleite.
Ein braunes Blatt fällt lautlos ab vom Baum.

Der Apfel schrumpelt und die Milch wird sauer.
Das Reich der Römer blühte und zerfiel.
Auch Falten kriegst du bald, das Haar wird grauer.
Mit letzter Kraft kommt mancher doch zum Ziel.

Du bist schon satt, und sei es noch so lecker.
Mein Freund geht weg, und ich weiß keinen Grund.
Das Bett ist warm; um sechs Uhr piepst der Wecker.
Nicht flach ist diese Erde, sondern rund.

Der beste Wein: die Flasche will ich leeren.
Ein Flackern noch, dann ist die Kerze aus.
Die Rose welkt, sie kann sich gar nicht wehren.
Gern unterwegs, doch nun will ich nach Haus.

So ist die Welt, was soll das Lamentieren?
Ein Feuerwerk, und irgendwann ist Schluss.
Bis dahin will ich jeden Tag probieren,
was Leben heißt. – Gib mir noch einen Kuss!

Georg Schwikart

Fahrt mit der Linie 16 zwischen Köln und Bonn

Du schaust in den Morgen
mit schmerzverzerrtem Blick.
Warum?
Was hat dir die Sonne getan,
die den Raureif rasiert
vom Ufer des Rheins?
Welche Wunde
ist da des nachts geplatzt,
vom Salz eines Alptraums bestreut?

Das kühle Laub protzt
mit der Würde herbstlicher Farben
und wirkt nicht mal peinlich.
Du sitzt in der Bahn
und denkst entschieden zu viel.
Knips doch die Glühbirne aus.
Nur aus dem Dunklen
erfährst du das Licht.

Thomas Frahm

Memento

Geliebte, willst du doppelt leben,
So sei des Todes gern gedenk,
Und nimm, was dir die Götter geben,
Tagtäglich hin wie ein Geschenk.

Mach dich vertraut mit dem Gedanken,
Dass doch das Letzte kommen muss,
Und statt in Trübsinn hin zu kranken,
Wird dir das Dasein zum Genuss.

Du magst nicht länger mehr vergeuden
Die Spanne Zeit in eitlem Hass,
Du freust dich reiner deiner Freuden
Und sorgst nicht mehr um dies und das.

Du setzest an die rechte Stelle
Das Hohe, Göttliche der Zeit,
Und jede Stunde wird dir Quelle
Gesteigert neuer Dankbarkeit.

Theodor Fontane

Dahlien

Die Sonne fällt blass-nebelig aufs Fensterbrett, die Vase mit den Dahlien steht noch auf dem Tisch, daneben die Kerze und die Todesanzeige. Jeden Tag nehme ich mir vor, sie wegzuräumen, die Dahlien, jeden Tag. Und dann lasse ich sie stehen. –

Ich denke an das Steinhaus und den Bauerngarten in Norditalien. Unser letzter, gemeinsamer Urlaub vergangenen Herbst, genau vor einem Jahr. »Wie gern hätte ich dieses Haus«, hat Ernst immer wieder gesagt, »dieses winzige Haus aus Stein, hier ist doch alles, was wir zum Leben brauchen.« Seine Augen wurden plötzlich hell, und ich sagte »ja«. Ich sagte es noch einmal, dann drehte ich mich zum Herd, machte die Gasflamme an und wärmte darüber die Suppe vom Vortag. »Gut durchgezogen ist sie«, sagte Ernst beinahe überschwänglich, und aß fünf Löffel davon. Dann rückte er den Teller auf die Seite.

Später ging ich in den Garten, um ein paar Blumen für die Stube zu schneiden, ich stellte sie in eine kleine, bauchige Vase auf den Ofen, sie rochen nach Regen und Erde. Am Ende unseres Urlaubs packte ich die Vase einfach zwischen die Kleider in den Koffer und nahm sie mit nach Hause. Ich bewahrte sie im Schrank auf, und als dann der Tag gekommen war, holte ich sie heraus, befühlte ihre bauchige Gestalt, füllte sie mit lauwarmem Wasser und stellte die Dahlien hinein.

Adrienne Brehmer

Du hast mein Klagelied in Freudentanzen verwandelt,
mir statt des Trauerkleids ein Festgewand gegeben.

Aus Psalm 30

Was ist das: Liebe?

Hüte dich
eine Formel dafür zu finden

Liebe ist immer mehr.

Georg Schwikart

Die toten Blätter
tanzen mit dem Wind:
den Asphalt
lässt das kalt;
es ist Herbst,
und der spinnt.

Doch unverhofft
– wie so oft –
ist der Himmel knallblau.
Die Sonne lacht. Warum?
Das weiß sie selbst nicht
so genau.

Michael Hodapp

Tritt aus dem Schatten heraus,
wage dich wieder ins Licht.

Streif den Trauer-Mantel ab,
zieh die bunten Sachen an.

Erwecke die Sehnsucht neu,
schenk deinen Träumen Flügel.

Heilen will deine Seele,
geh mutig nur Schritt für Schritt.

Du darfst dein Glück genießen,
der Zukunft kannst du trauen.

Georg Schwikart

Die Autorinnen und Autoren

Ägypter, Totenbuch der: Textsammlung für die Totenriten aus der Mitte des 2. Jahrtausends v. Chr.

Alain (1868-1951): eigentlich Emile Auguste Chartier, französischer Essayist.

Angelus Silesius (1624-1677): eigentlich Johann Scheffler; Dichter, Arzt und Priester.

Augustinus, Aurelius (354-430): Bischof, Kirchenvater, Philosoph, Heiliger.

Aurel, Mark (121-180): römischer Kaiser.

Bamm, Peter (1897-1975): Arzt und Schriftsteller.

Basho (1644-1694): japanischer Dichter.

Bernanos, Georges (1888-1948): französischer Dichter.

Bone, Heinrich (1813-1893): Lieddichter.

Bruyère, Jean de la (1645-1696): französischer Moralphilosoph.

Brehmer, Adrienne (geb. 1968): freie Schriftstellerin, lebt und arbeitet in Köln.

Buddha (560- um 480 v. Chr.): »der Erleuchtete«, eigentlich Siddhartha Gautama; Begründer des Buddhismus.

Bund, Micha: Pseudonym; der Autor ist Georg Schwikart bekannt.

Carmina Burana: Sammlung lateinischer und deutscher Lieder aus dem 13. Jahrhundert, im Kloster Benediktbeuern gefunden.

Çelik, Hıdır E. (geb. 1960): aus der Türkei stammend, arbeitet in Bonn in der Migrationsarbeit; Schriftsteller.

Chauvistré, Karin: Redakteurin, Lektorin, Autorin.

Cicero, Marcus Tullius (106-43 v. Chr.): römischer Politiker und Schriftstelller.

Claudius, Matthias (1740-1815): Dichter.

Deutgen, Amelie (geb. 1945): lebt in Köln.

Dickinson, Emily (1830-1886): amerikanische Lyrikerin.

Dimitrova, Blaga (geb. 1922): ehemalige Vizepräsidentin Bulgariens, Lyrikerin.
Eichendorff, Joseph von (1788-1857): Dichter der Romantik.
Emerson, Ralph Waldo (1803-1882): amerikanischer Philosoph und Essayist.
Enzensberger, Hans Magnus (geb. 1929): Schriftsteller.
Epikur (341-270 v. Chr.): griechischer Philosoph.
Fichte, Johann Gottlieb (1762-1814): Philosoph.
Fink, Josef (1941-1999): Priester und Maler.
Fleck-Bohaumilitzky, Christine (geb. 1955): Mag. theol., Klinikseelsorgerin und Supervisorin DGSV.
Fontane, Theodor (1819-1898): Dichter.
Frahm, Thomas (geb. 1961): Lyriker und Essayist.
Franz von Assisi (1182-1226): Ordensgründer, Heiliger.
Fricke, Almut (geb. 1938): Fortbildungsreferentin.
Fritzsche, Matthias (geb. 1941): Pfarrer im Ruhestand, Krankenhausseelsorger; lebt in Moers.
Gibran, Khalil (1883-1931): aus dem Libanon stammender Autor.
Glage, Benita (geb. 1936): Diplompädagogin und Schriftstellerin.
Goethe, Johann Wolfgang (1749-1832): Dichter.
Gryphius, Andreas (1616-1664): Dichter.
Hammarskjöld, Dag (1905-1961): Diplomat, von 1953 bis zu seinem Tod UNO-Generalsekretär. 1961 Friedensnobelpreis.
Haunschild, Marc Arno (geb. 1969): rheinischer Teilzeit-Autor, z.Zt. in Sankt Augustin.
Hausmann, Julie (1825-1901): Dichterin der Erweckungsbewegung.
Held, Barbara (geb. 1944): pensionierte Beamtin, lebt in Köln.
Held, Heiko (geb. 1970): Autor, Pilot und Ingenieur; lebt in Sambia, Afrika.
Hemingway, Ernest (1899-1961): amerikanischer Schriftsteller. 1954 Literaturnobelpreis.

Hikmet, Nâzim (1902-1963): türkischer Dichter.

Hildegard von Bingen (1098-1179): Äbtissin, Mystikerin, Heilkundlerin, Heilige.

Hiob: Hauptperson eines gleichnamigen Buches der Hebräischen Bibel; entstanden etwa 200 v. Chr.

Hochschuh, Rosemarie (geb. 1935): Hausfrau, lebt in Monheim-Baumberg.

Hodapp, Michael (geb. 1958): Elektriker, Songdichter, Lebenskünstler.

Hofmannsthal, Hugo von (1874-1929): österreichischer Dichter.

Hohelied: Sammlung von Liebesliedern in der Hebräischen Bibel, entstanden etwa im 5. Jahrhundert v. Chr.

Ionesco, Eugène (geb. 1912): rumänisch-französischer Dramatiker.

Jahn, Thomas: Regisseur und Drehbuchautor des Spielfilms »Knockin' on heavens door«.

Jesaja: der bekannteste Prophet Israels lebte im 8. Jahrhundert, sein Buch ist Teil der Hebräischen Bibel.

Johannes Paul II. (1978-2005): Papst.

Johannesbrief, erster: frühchristliches Sendschreiben eines unbekannten Verfassers; entstanden im 1. Jahrhundert.

Jülicher, Jochen (geb. 1954): freiberuflicher Theologe und Trauerberater.

Keats, John (1795-1821): englischer Dichter.

Kehl-Kochanek, Christel: pensionierte Lehrerin, lebt in Sankt Augustin.

Kierkegaard, Sören (1813-1855): dänischer Philosoph.

Klehn, Rainer (geb. 1959): Mensch, lebt in Köln.

Kleist, Heinrich von (1777-1811): Dichter.

Korinther, Zweiter Brief an die: frühchristliches Sendschreiben des Apostels Paulus.

Kratz, Eila (geb. 1939): Diplom-Psychologin und Dichterin.

Krommidas, Giorgos (geb. 1936): Schriftsteller, lebt in Bonn.
Lagerlöf, Selma (1858-1940): schwedische Schriftstellerin. 1909 Nobelpreis für Literatur.
Landgraf, Claudine: deutsch-französische Schreiberling(in).
Lesmian, Boleslaw (1878-1937): polnischer Dichter.
Levine, Stephen: Dichter, Sterbebegleiter und Meditationslehrer in den USA.
Luther, Martin (1483-1546): Begründer der Reformation.
Malinski, Mieczyslaw (geb. 1923): Schriftsteller aus Polen.
Montaigne, Michel de (1533-1592): französischer Philosoph.
Mörike, Eduard (1804-1875): Pfarrer und Dichter.
Motte-Fouqué, Friedrich de la (1777-1843): Dichter.
Müller, Miriam (geb. 1988): Schülerin.
Neruda, Pablo (1904-1973): chilenischer Lyriker. 1971 Literaturnobelpreis.
Nitropisch, Halina (geb. 1952): schreibt Literaturessays, Prosa und Lyrik.
Paz, Octavio (geb. 1914): mexikanischer Schriftsteller.
Penn, William (1644-1718): führende Persönlichkeit der Quäker.
Pfirschke, Rosemarie (geb. 1937): lebt in Sankt Augustin.
Psalmen: Sammlung von 150 religiösen Liedern in der Hebräischen Bibel, entstanden zwischen 1000 und 200 v. Chr.
Reichenberg, Lucia (geb. 1963): Gewandmeisterin, lebt in Köln.
Rilke, Rainer Maria (1875-1926): österreichischer Dichter.
Rochefoucauld, François Duc de la (1613-1680): französischer Essayist.
Römerbrief: Schrift des Neuen Testaments; verfasst von Paulus in den 50-iger Jahren des 1. Jahrhunderts.
Roncalli, Angelo (1881-1963): ab 1958 Papst Johannes XXIII.
Rückert, Friedrich (1788-1866): Schriftsteller und Übersetzer orientalischer Dichtung.

Sager, Ariela (geb. 1976): Marketingberaterin und Studium der Literaturwissenschaften.
Sand, George (1804-1876): französische Schriftstellerin.
Sappho (etwa 600 v. Chr.): griechische Lyrikerin.
Schäfer, Helene (geb. 1950): Autorin und Schwimmerin.
Schmelmer, Helmut (geb. 1935): Buchhändler und Schriftsteller.
Schneider, Reinhold (1903-1958): Schriftsteller.
Schopenhauer, Arthur (1788-1860): Philosoph.
Schutz, Roger (geb. 1915): Prior der ökumenischen Mönchsgemeinschaft von Taizé.
Schweitzer, Albert (1875-1965): Theologe, Musiker, Arzt und Philosoph.
Schwikart, Georg (geb. 1964): Schriftsteller, Publizist, Trauerredner.
Schwikart, Judith (geb. 1963): Altentherapeutin.
Smith, Logan Pearsall (1856-1946): britischer Aphoristiker und Prosaminiaturist.
Sölle, Dorothee (1929-2003): Theologin und Dichterin.
Steuer, Dorothee (geb. 1926): lebt in Sankt Augustin.
Stier, Fridolin (1901-1981): Professor für Altes Testament.
Strindberg, August (1849-1912): schwedischer Dichter.
Thurmair, Georg (1909-1984): Dichter und Schriftsteller.
Tolstoi, Leo (1828-1910): russischer Schriftsteller.
Tschechow, Anton (1860-1904): russischer Schriftsteller.
Wahl, Mats (geb. 1945): schwedischer Jugendbuchautor.
Walther von der Vogelweide (um 1170 - nach 1229): Minnesänger und Spruchdichter.
Weckmann, Berthold (geb. 1960): Dichter und Verlagsleiter.
Willaschek, RO (1946): Dichter und Kunstmacher.
Wohlfromm, Helga (geb. 1934): Kriminalbeamtin i.R.; lebt in Bonn.
Wolf, Christa (geb. 1929): Schriftstellerin.
Ziegenhorn, Inge (1931-2003): Krankenschwester und Dichterin.

Quellenhinweise

Dimitrova, Blaga: Narben. Gedichte aus vierzig Jahren. © Avlos Verlag Thomas Frahm, Siegburg 1999.

Enzensberger, Hans Magnus: Kiosk. Neue Gedichte. © Suhrkamp Verlag, Frankfurt am Main 1995.

Jülicher, Jochen: Es wird alles wieder gut, aber nie mehr wie vorher. Begleitung in der Trauer. © Echter Verlag, Würzburg 1999.

Lagerlöf, Selma: Der Kaiser aus Portogallien. © Steidl Verlag, Göttingen 1999.

Schwikart, Georg (Briefe an die Freundin): Materialbuch Fastenzeit, Ostern, Pfingsten. © Matthias-Grünewald-Verlag, Mainz 1996.

Schwikart, Georg (Ja, Tante Agnes): Alle Abwege führen durch Rom. © Avlos Verlag, St. Augustin 1995.

Sölle, Dorothee: Mystik des Todes. © Kreuz Verlag, Stuttgart 2003.

Weckmann, Berthold: Immer noch sage ich du. Gedichte und lyrische Prosa. © Verlag Gilles & Francke, Duisburg 1988.

© Wolf, Christa: Nachdenken über Christa T., erschienen im Luchterhand Literaturverlag, München, einem Unternehmen der Verlagsgruppe Random House GmbH.

Weiterführende Literatur

Zum Themenkreis »Tod und Trauer« sind von Georg Schwikart außerdem erschienen:

Niemand geht ohne Spuren
Mit dem Tod leben – Erfahrungen eines Trauerredners
Würzburg 2004.

Jeder Tod hat sein Gelächter
Über das Verhältnis zweier ungleicher Brüder: Tod & Humor
Würzburg 2001.

Bruder Tod
Leben mit der Sterblichkeit
Kevelaer 2005.

Die richtigen Worte im Trauerfall
Textbeispiele und Formulierungshilfen
Kevelaer, 2. Auflage 2001.

Der Tod ist ein Teil des Lebens
Ein Sachbuch für Kinder
Düsseldorf 2003.

Die Trauerfeier
Ein Ratgeber zu Ablauf, Gestaltungsmöglichkeiten, Textauswahl
Gütersloh 2005.

Wunderbar geborgen
Trauerfeiern und Beerdigungsansprachen mit Texten
von Dietrich Bonhoeffer
Gütersloh 2005.

Wenn Sterbebegleitung an ihre Grenzen kommt
Motivationen, Schutzräume, Problemfelder
Hg. von Hubert Böke, Georg Schwikart und Michael Spohr
Gütersloh, 2. Auflage 2005.

Manchmal möchte ich alles hinschmeißen
Wenn Sterbebegleiter an ihre Grenzen kommen
Hg. von Hubert Böke, Monika Müller und Georg Schwikart
Gütersloh 2005.

Tod und Trauer in den Weltreligionen
Jenseitsvorstellungen und Abschiedsrituale
Gütersloh 1999.